空想科学読本

闇堕ち検定にまた落ちた！

柳田理科雄

角川文庫
23933

『空想科学読本』について思うこと

2023年の秋に公開された『ゴジラ−1・0《マイナスワン》』がとても面白い。惹かれるところは多々あるのだが、まず「敗戦直後の日本にゴジラが現れた」という設定が秀逸である。戦争に負けた日本は武装解除し、警察予備隊（自衛隊の前身）もまだ設立されていない。国際的な状況から、米軍も関与を控えている。つまり戦う手段がなく、それなのに巨大で凶暴で、放射線を含んだ熱線を吐くゴジラを倒さねばならない……という話なのだ。さあ、どうする!?

また、その年の夏にテレビアニメが放送された『自動販売機に生まれ変わった俺は迷宮を彷徨《さまよ》う』は、タイトルどおり主人公が異世界で自動販売機に転生してしまう、というスッ飛んだ設定の話だった。魔物がウヨウヨいるような異世界で自販機なんぞになったら万事休す……と思うのだが、この自販機は自分が扱っている商品の特色を活かして、魔物と戦うのである。これには相当ビックリした。

まったく毛色の異なる2作品だが、共通するのは「絶望的な状況を、いま持っている能力で打開する」という姿勢である。そして、どちらも荒唐無稽な手段ではなく、科学に裏打ちされた方法で、難題に挑むのだ。どんなに困っても、いざとなったら科学がある！　それを力強く教えてくれるこれらの作品が、筆者は好きでたまらない。

そして、そんなスバラシイ作品の登場人物たちに重ね合わせるのは気が引けるが、筆者も同じ姿勢で『空想科学読本』を書き続けてきたつもりなのである。

マンガやアニメやゲームで描かれる現象やエピソード、設定の謎を解く。驚異的なワザや、ずば抜けた身体能力や、にわかに信じがたい生物の生態のヒミツとは……？

それらに用意された正解があるはずもなく、どんなに難解な問題でも、自分の知恵と知識で解決するしかない。もっと知識があれば、もっと高性能のコンピュータがあれば……とは思うが、ないものねだりをしても仕方がなく、手持ちの駒は、できるだけ柔軟に発想することと、知恵や知識をつなぐ工夫だけなのだ。筆者は四半世紀を超えて多くの問題を考えてきたが、長くご愛読いただけた理由の一つは、拙稿の「答えのない疑問を考える」というアプローチが、読者の知的好奇心を刺激したからだろう。

筆者には、夢見ていることがある。

朝の学校で、教室に入ってきた教師が「昨日の『◎◎◎』のアニメ、すごかったな。あそこで描かれたワザの威力、どのくらいだと思う？」などと言いながら計算を始める。生徒が「どんな環境で進化をしたら、あんな能力を持つの？」と問いかけて、いっしょに考える。学校で、そんなやり取りが日常的に行われるようになることだ。

日本には、優れたマンガやアニメがたくさんある。ネットや雑誌やテレビで毎日のように更新されている。それらに科学や数学などの視点を持ち込めば（社会学や哲学などでもいい）、知識や知恵や、何よりも「答えのない疑問を自分で考える」という姿勢が身につくのではないだろうか。

もちろん、マンガやアニメは何かを学ぶために描かれているのではなく、純然たるエンタメであるべきだ、という意見もあるだろう。その考えもよくわかるが、作品世界と現実に接点があるからこそ、読者や視聴者が魅力を覚える面もある。『鬼滅の刃』の鬼殺隊は「全集中の呼吸」で戦うが、「呼吸」や「集中」が実際に人間の能力を高めることはよく知られている。『チェンソーマン』のデンジの圧倒的な力も、血液が不足すると弱体化する点では、われわれ普通の人間と変わらない。そういった「現実との接点」に面白さや魅力を見出すのは自然なことだし、そこを深掘りすれば、作品世界は奥行きを増し、自分の知恵も知識も発想も拡がっていく……と思うのだ。

本書では『【推しの子】』や『ちいかわ』や『おぱんちゅうさぎ』など、現在進行中の作品をたくさん扱っている。日々生まれる魅惑のコンテンツについて、自分なりに考えるとこんなに楽しく、世界が拡がるとお伝えしたいからでもある。世界に誇るマンガやアニメを生み出すわが国は、ぜひともそれを「STEAM 教育＋答えのない疑問を自分で考える」にまで役立て、未来を担う人材をどんどん育てていくのがよいと思う。

『空想科学読本　闇堕ち検定にまた落ちた！』目次

『呪術廻戦』の夏油傑の呪霊操術がすごい！
五条悟の茈と比較すると……!?

『呪術廻戦』の夏油傑《げとうすぐる》は、ヒジョ〜に気になる人物だ。日本に4人しかいない特級呪術師の1人。コミックス本編では第2巻で初登場し、虎杖悠仁《いたどりゆうじ》や五条悟先生に敵対する勢力の重要キャラだと一目でわかったが、印象的だったのはその額の縫い目！　まるで開頭手術をしたような跡がくっきり残っていた。

夏油は、これに先駆けて描かれた連載（コミックスは第0巻『呪術廻戦 東京都立呪術高等専門学校』として、第3巻と同時に発売）で、「百を超える一般人を呪殺し、呪術高専を追放された最悪の呪詛《じゅそ》師《し》」として登場していた。その舞台は本編の1年前で、主人公は虎杖の先輩・乙骨憂太《おっこつゆうた》だ。夏油は、12月24日に新宿と京都で百鬼夜行を行うと宣言し、「呪霊操術」で取り込んだ2千体の呪霊を放って、非術師（呪術師ではない普通の人間）を皆殺しにしようと企てた。そして当日、自分は東京呪術高専に現れ、乙骨の「特級過呪怨霊《とっきゅうかじゅおんりょう》 祈本《おりもと》里《り》香《か》」を取り込もうとするが、返り討ちに遭ってダメージを負い、五条先生によって止《とど》めを刺された。

つまり、虎杖を主人公とする本編が始まる前に、夏油はすでに死んでいたのである。そのうえ、第0巻の夏油の額には、傷跡などまったくなかった。ということは、本編に出てくる夏油はいったい誰!?　あの額の傷はいったい何!?

そこらへんの謎が明かされるのは、コミックスでいえば第11巻、テレビアニメでいえば2023年の夏から年末まで放送された第2期の後半「渋谷事変」編において。いろいろ興味深い事実が明かされていった。

だが本稿では、アニメ第2期の前半で放送された「懐玉《かいぎょく》・玉折《ぎょくせつ》」編について考えたい。コミックスでは第8〜9巻に収録されているエピソードで、舞台は「本編の12年前」。夏油傑について考えるうえで、この話は決して避けて通ることはできない。五条悟と夏油傑は、東京都立呪術高等専門学校の同級生だったのだ！

夏油はめちゃくちゃいいヤツだった！

12年前。2人は東京呪術高専の2年生で、「悟」「傑」と呼び合う仲だった。五条は「俺達最強だし」と笑みを浮かべ、夏油も「私達は最強なんだ」と言う。2人はお互いを認め合い、自分たちがコンビを組んだときの強さを信じていた。ケンカもするが、かけがえのない親友だった。

驚くべきは、2人の関係だけではない。「弱い奴等に気を遣うのは疲れるよホント」とボヤく五条に対して、夏油は「〝弱者生存〟それがあるべき社会の姿さ」「いいかい悟 呪術は非術師を守るためにある」と諭《さと》す。なんと夏油は、市井《しせい》の人々を守ろうとする好青年だったのだ。

そんな夏油がなぜ「非術師を皆殺しにする」などと考えるようになったのか？　筆者も解説したくてたまらないが、それこそネタバレになってしまう。夏油が闇落ちし、五条がいまの五条になった理由……を丹念に描いたのが「懐玉・玉折」編なので、まだ見ていない方がいらっしゃったら、ぜひアニメやマンガで味わってください。

というわけで、ここではアニメで描かれた夏油と五条の能力を中心に考えてみよう。

夏油が使うのは「呪霊操術」。祓《はら》った呪霊を体内に取り込んで、自在に操る術式だ。階級換算で自分より2級下の呪霊なら、祓いを省いて、強制的に取り込むことができる。

たとえば「懐玉」編で、夏油は巨大なイモムシのような呪霊を操っていた。ミッションスクールの廊下で呪詛師と戦ったとき、この呪霊は廊下いっぱいの大きさになっていたから、直径2・5mほどの円筒形なのだろう。劇中の描写から、体長が15mで、密度が通常の生物と同じだとしたら、推定体重は74t。

さらに夏油は、しばしば巨大な龍のような呪霊「虹龍《こうりゅう》」も従えて、これで旅客機を守らせていたこともあった。その旅客機がボーイング777－300（全長79・3m、胴体直径6・2m）に近いサイズなら、呪霊の体の直径は5m、体長は60mほどになる。すると、推定体重は1200tだ。

前述のように、夏油はこうした呪霊たちを取り込み、操っている。その「呪霊操

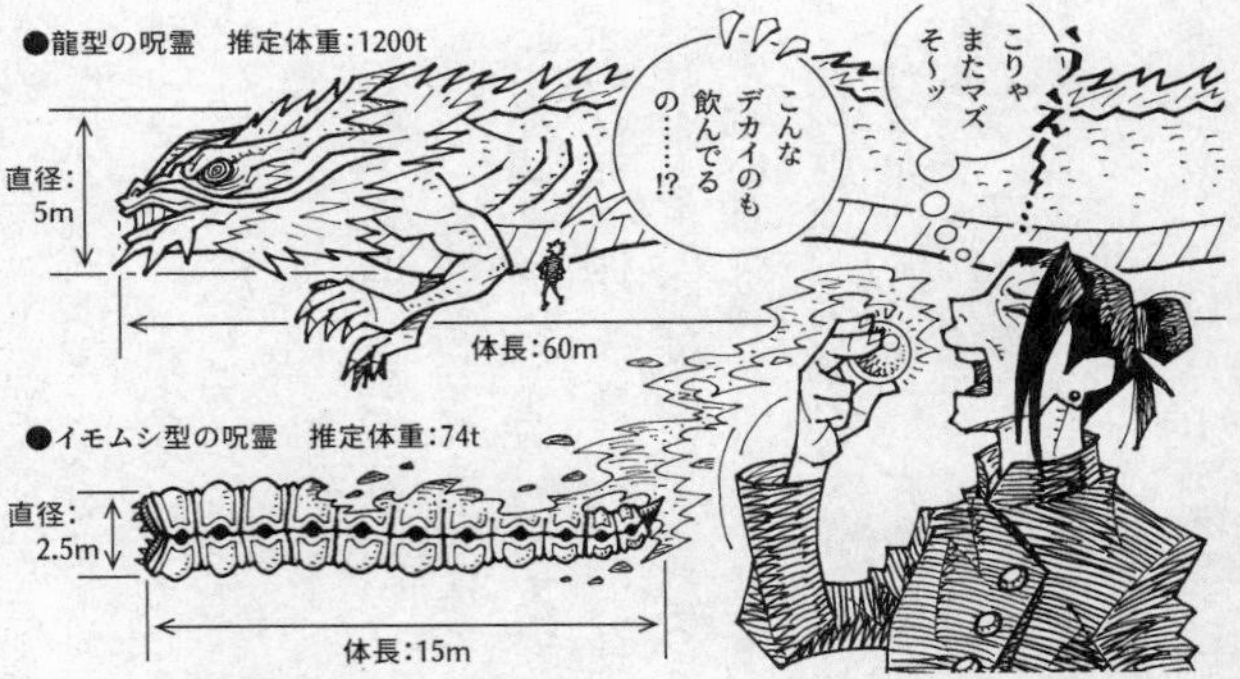

[図1] こんなツライ行為を6462回……。闇落ちするのも仕方ないかも

術」こそが特級呪術師としての夏油の力なのだが、呪霊の取り込みはかなりの苦しさを伴うようだ。

劇中の独白シーンでは、災害の影響もあって呪霊が多く現れた時期、夏油はひたすら取り込んだと言っていた。「祓う 取り込む その繰り返し」「祓う 取り込む」。この「取り込む」とは、呪霊をピンポン玉ほどの球体にして、飲み込むことで、「皆《みんな》は知らない 呪霊の味」「吐《と》瀉物《しゃぶつ》を処理した雑巾を丸呑みしている様な」と、衝撃的な告白をしている。呪霊は確かにマズそうだが、まさかそんな味だとは！ なんと因果な術式であろう。

冒頭で紹介したコミックス第0巻において夏油は、百鬼夜行に出動させた2千体の他に、特級仮想怨霊「化《け》身玉藻前《しんたまものまえ》」と、4461体の呪霊を持っていた。合計6462体。夏油は少なくともその回数だけ「祓う取り込む」を繰り返したわけである。

仮に、呪術高専に入る2年前からこの行為を始めたとしたら、15年で6462体を取り込んだことになる。すると1年に430体、1日平均1・2体！　あまりに過酷ではないか【図1】。

五条と夏油、どっちが強い!?

ただ、夏油も呪霊を取り込めないことがあって、それは「呪霊が、取りついた人間と主従関係の契約を交わしている場合」。「懐玉」編では、驚異的に強い伏黒甚爾《ふしぐろとうじ》が五条の抹殺を図る。夏油はこの甚爾と戦った際、その呪霊を取り込もうとしたが、呪霊が甚爾と主従関係にあったために失敗した。逆に胸をX字形に切られ、瀕死の重傷を負ってしまう。

甚爾は、呪力がゼロながら、驚異の膂力《りょりょく》（筋肉の力）を持ち、「術師殺し」とも呼ばれる非術師だった。五条もさんざん苦しめられる。ここで、五条の発揮した能力も検証してみよう。

術式反転「赫《あか》」で五条は、甚爾を弾き飛ばした。甚爾はモーレツな速度で建物に叩きつけられていたから、その速度を時速200km、彼の体重を80kgとすると、激突のエネルギーは14万J《ジュール》である。こんなダメージを受けても死なない甚爾の強さには驚くほかないが、五条はさらに虚式「茈《むらさき》」を打ち出す。これは「順転と反転、それぞれの無限を衝突させることで生成される仮想の質量を押し出す」ワザ。その直撃を受けた壁には、数枚にわたってきれいな真円の穴があいていた。壁はおそらくコンクリート製と思われるが、放たれたエネルギーはどれほどだったのか？

　コンクリートの壁に真円の穴があいたのだから、力学的にぶっ壊したのではなく、仮想の質量を高速でぶつけて熱を発生させ、円内の壁を消失させたのだろう。コンクリートの主成分の炭酸カルシウムは、９００℃以上で二酸化炭素と酸化カルシウムに分解する。壁の厚さを20cm、穴の直径を１m、壁の枚数を5枚とすれば、消失したコンクリートは９６０kg。これを分解する熱エネルギーは5億J。前述の術式反転「赫」の３６００倍である。

　これに対して、夏油はどうか？　彼には、取り込んだ呪霊のすべてを一気にぶつける「極ノ番：うずまき」という操術もある。甚爾との戦いでは使用しなかったが、呪霊1体の体重が５００kgとするなら、６４６２体では総重量は３２３１ｔだ。それを時速１００kmでぶつけたら、その破壊力はなんと12億J。

　五条先生の「茈」の5億Jを上回り、底面が20m×10m、高さ１２７mのビルをも破壊できる。ただし、前述のとおり「茈」は直径１mという狭い領域に全エネルギーを集中させており、そういった使い方まで考えると、一概にどちらが強いとはいえないのではないか。

ここからもわかるように、五条悟と夏油傑は、どちらも最強クラスの呪術師でありながら、持ち味が大きく違う。だからこそ高専時代、2人がコンビを組むと最強の力を発揮できたのだろう。だが、甚爾との戦いをきっかけに、2人は単独で活動するようになり、それぞれの道を歩き始める。「懐玉・玉折」編の若き日々は、物語にあまりに大きな影響を与えたといえる。

『呪術廻戦』において夏油の存在は大きく、今後どうなっていくかも要注目だ。いま明かされている「正体」のまま話が終わるとは、とうてい思えないのだが……。

『ちいかわ』の草むしり検定は、どれほど難しいんだろう？

『ちいかわ』を初めて読んだとき、筆者は「不思議なグルメマンガだなあ」と思いました。コミックスの第1巻に、食べ物や飲み物がたくさん出てくるからだけど、「飲食物が出てくるからグルメマンガ」という短絡的な発想はどうなんですかね、自分!?

空想科学研究所に新しく入ったさなえさんに「もっとよく読みましょう」と、読書感想文を直される小学1年生みたいに指摘されて、第2巻、第3巻……と読み進めるうちに、おお、ようやくわかってきました、『ちいかわ』の魅力。楽しいではないか！

主人公の「ちいかわ」は、「なんか小さくてかわいいやつ」を略した名前で、ハムスターのような違うような、ちょっと正体不明の生き物。すごく臆病だけど、優しくて、些細なことで喜んだり、落ち込んだり……。意外とクジ運がいいみたいで、「むちゃうまヨーグルト」の懸賞で当たった家に住んでいる。とっても友達思い。

友達の「ハチワレ」はネコによく似ているけど正体はナゾで、洞窟に住んでいる。その出入り口に扉はなく、明かりはランタン1個で、布団は粗末なゴザで、机は古い段ボール箱。でも、部屋にはいつも花が飾ってあるし、趣味はカメラだし、友達には惜しげもなくコース料理をふるまう。人見知りのちいかわの気持ちを汲《く》んで、他の人に伝えてあげたりすることもある。

もう一人の友達の「うさぎ」は、その名のとおりウサギ。食いしん坊で、やや乱暴。言葉は話せなくて、「イ〜ヤァアッハァ〜〜ゥラララ」と、歌うように奇声を発するけど、「討伐」では活躍するし、草むしり検定3級だし、トランプの扱いはうまい……など、いろいろ隠れた能力を持っている。個性的で頼りになるヤツだ。

この3人のつましい日々を、心のヒダをくすぐるようなエピソードで描くのが『ちいかわ』なんですね。彼らとときどき接する優しい鎧《よろい》さんたちや、いつもシブく酒を飲んでいるくりまんじゅうや、「討伐」№1のかっこいいラッコ……などのキャラも味わい深い。

と書くと、ひたすらカワイイ世界みたいだけど、決してそうではないところが、この作品の面白さでもあり、筆者がココロ惹かれるところでもあります。

キメラはオソロシイ

ちいかわたちが住んでいるのは、結構シビアな世界だ。

ごはんやラムネが地面から湧き出したり、パンが木に生ったり、酢こんぶが空中に浮いていたり……というラッキーなこともあるけど、基本的にはちゃんと働いて生活しなければならない。報酬を得られる仕事の一つが「討伐」だ。

それは、この世界に存在するナゾの生物（キメラ）をつかまえるもので、危険を伴う。キメラはどこに出てくるかわからない。ちいかわたち3人が初めて三ツ星レストランに行ったときなど、店を乗っ取っていたキメラに食べられそうになった。

また、ちいかわが小さな生き物をかわいがっていたら、それは少しずつ凶暴な面を見せ、大きくなり、ついには筋肉ムキムキの怖い怪物に変化した。「擬態系」という危険なキメラだったのだ。モーレツに油断ならない世界である。

好奇心旺盛なハチワレが「おっきな討伐」に行くことを提案し、3人で森の奥に行ったところ、大型のキメラが現れたことがある。ネコのようなトカゲのような姿で、鋭いツメを持ち、ちいかわたちの5倍は大きい。このキメラ（「あのこ」という名前らしい）は、攻撃してこなかったものの、尻尾に当たってハチワレが転び、うさぎは「ヤアヤア」と勇ましく戦ったが効果はなく、討伐は失敗に終わった。

あのこは別のエピソードで、モブかわ（ちいかわ族と思われるが、表情などが描かれないキャラ）の1人を遠くまで投げ飛ばしていたから、かなり強い。体長がちいかわの5倍なら、体重は5×5×5＝125倍でも不思議ではなく、それは体重30kgの小学生が、体重3・75tのインド象と戦うようなもの。キケンすぎる！

ちいかわ、検定に不合格

そしてもう一つ、報酬を受け取る方法が「草むしり」だ。

資格を取ると報酬が上がるため、ちいかわは「草むしり検定5級」を受けようと勉強していた。それを知ったハチワレは感心し、ちいかわといっしょに資格を取れたらどんなに嬉しいだろうと想像し、古本屋で問題集を買うと、自分も密かに勉強する。ちいかわがハチワレの受験を知ったのは、試験の当日、会場でのことだった。

試験はかなり難しかったようで、ハチワレは試験中に「全然わかんない…」、試験後には「わかんないトコ… 適当に答えちゃった……」と言い、ちいかわもうなずいていたのだが、後日の発表では、なんとハチワレは合格、ちいかわは不合格だった！

家に帰ったハチワレは、自分だけもらった「草むしり5級」の認定証を見つめ、「同じ気持ちじゃないとき… どうしたらいいんだろ…」と思い悩む。ところが翌朝、ちいかわがハチワレの家を訪れ、5級合格のお祝いにと、ネコ形のクッキーを手渡した。さらに「検定5級」の問題集を取り出すと、その本から自分に問題を出してほしいと頼む。

こ、これはスバラシすぎる態度である！　自分の受験を知った友達が黙って勉強し、友達だけが合格。これはかなり傷つく状況だろう。相手に悪気がないとわかっていても、気持ちがザワザワするのが普通である。なのに、ちいかわはハチワレを祝ったうえに、自分が再チャレンジすることを表明して、ハチワレにそれとなく「気にしなくていい」と伝えたのだ。ちいかわの友達思いには、本当に心打たれる！

どれほど難しい試験なのか?

ところが、ところが、ところが! ちいかわは、2度目の検定試験にも落ちてしまった! 本当にシビアだが、この草むしり検定試験、いったいどれほど難しいのか!?

それが垣間見えるのは、1度目の合格発表の掲示板だ。描写から明確なのは、受験番号84番から110番までのあいだに、20人の合格者がいること。84番から110番までには、110−83=27人の受験生がいるから、合格率は20÷27=0・740740……=74・1%だ。

うむむっ。これはどの程度の難度の試験なのだろう? 「5級がいちばん平易で、合格率が公開されている試験」を探してみると、おおっ、ドイツ語検定がある。公益財団法人ドイツ語学文学振興会が主催する「ドイツ語技能検定試験」の2023年夏期の5級は、合格率が95・78%。

予想外に合格率が高いなあと思って、ホームページの「各級のレベルと内容」を見ると、5級は「初歩的なドイツ語を理解し、日常生活でよく使われる簡単な表現や文が運用できる」などとある。うげっ、それってかなりムズカシイのでは!? しかも「対象は、ドイツ語の授業を約30時間以上受講しているか、これと同じ程度の学習経験のある人」とあるから、少なくともその程度は勉強する必要があるということだ。

そして、合格率だけでいえば、それほど勉強せねばならないドイツ語5級よりも、草むしり検定5級のほうが難関ともいえる。ちいかわも寸暇《すんか》を惜しんで勉強していたが、当然なのですな〜。

草むしりは奥が深い

だが、これは「合格率」という統計の話で、試験の難しさという点では、問題の中身のほうが重要だ。草むしり検定5級の問題は、たとえば次のようなものである。①絶対にむしっちゃいけない草は何でしょうか、②触るとかぶれちゃう金色の草はなんでしょうか、③根っこが長すぎる場合の対処。

む、難しいな。だが、ちいかわは①と②に即答。③は、3回目に正解した。

現実的に、草むしりとは簡単な作業ではない。たとえば、筆者は子どもの頃、「雑草は、根から抜かないとまた生えてくる」と教わったが、現在では「雑草は根から抜いてはいけない」が基本だ。植物には、そこから茎が伸びる「成長点」があり、その下から千切ったり刈ったりすれば新しく伸びてくることはない。根はそのまま腐って、畑や花壇の栄養分になり、根があった場所は空洞になって、空気の通り道になる。根から抜くと、そのメリットがなくなって、土が固くなってしまう。ちいかわたちがやっているのは「草むしり」だが、その名のとおり、草は抜くのではなく、成長点の下から「むしる」のが正解なのだ。

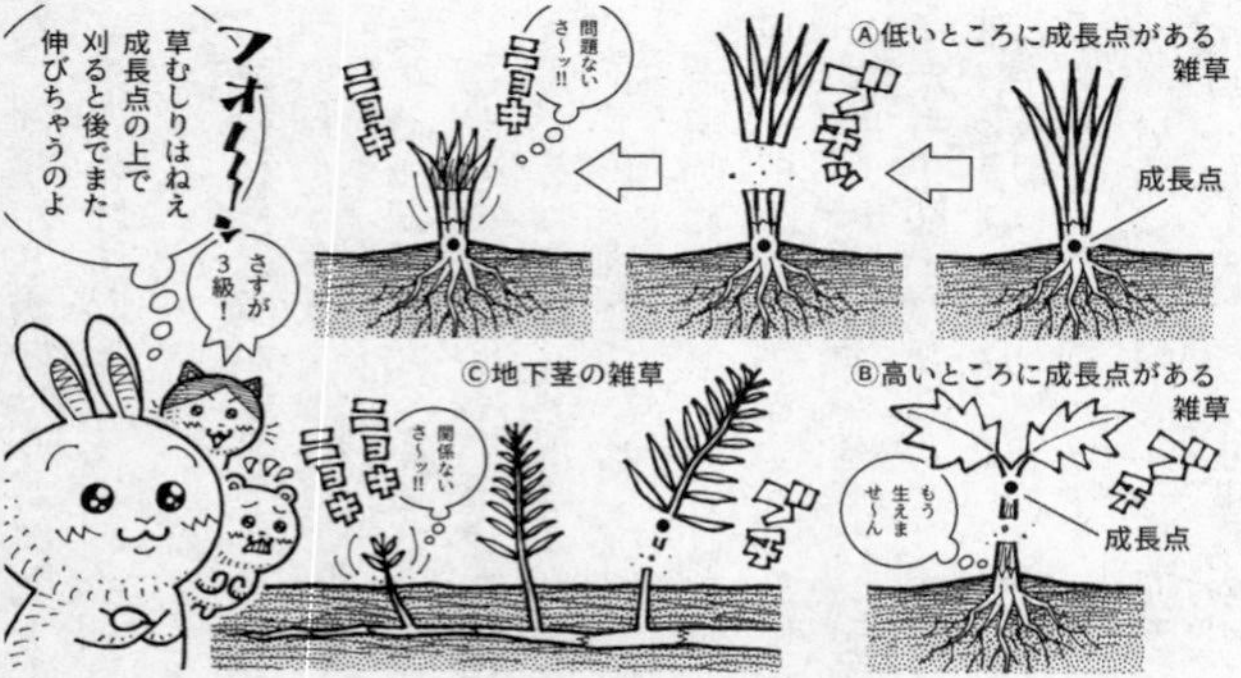

[図1] うさぎはああ見えて、草むしり３級を持ってるからね

だが一方で、根の生命力の強いもの（成長点が低いところにある）や、地下茎で増えるものは、土が固くなるデメリットを冒してでも、根や地下茎から取り除くほうがいいらしい。う〜む、現実の草むしりも奥が深い……【図1】。

しかも、これはハチワレが見つけたのだが、彼らの世界には「危険草」というものがあるようで、担当の鎧さんによれば「そのまま生やしといたら エリア一帯腐ってたよ!!」。なんとなんと、『ちいかわ』の世界には、前述の問題にあったように「絶対にむしっちゃいけない草」もあるし、危険草のように絶対にむしらなければならない草もあるのだ。そこにおける草むしりは、現実の世界以上に奥が深く、また重要な行為のように思われる。ちいかわには、これからも積極的にチャレンジしてもらいたい。

『テニスの王子様』手塚部長の人材育成術！

彼の後輩は、どのくらい強くなるか⁉

ここまで
動かないのは
ものぐさって
ことかな？

『テニスの王子様』といえば、試合中の選手が分身したり、ボールの勢いで選手が観客席まで飛ばされたり……と、テニスの常識を超えたびっくりが連発。そんなイメージを抱いている人も多いだろう。それも『テニプリ』の深い魅力の一つだが、同時に仲間への想いや、若者たちの成長がていねいに綴られた胸アツの青春マンガである。

その中核的な存在ともいえるのが、青春学園中等部3年の手塚国光《てづかくにみつ》。強豪テニス部の部長で、中学テニス界で全国にその名を轟かす実力者だ。生徒会長も務め、常に冷静沈着。同級生・河村隆《かわむらたかし》の父親には顧問の教師と間違われ、飛行機でとなりの席になったお婆さんからはビジネスマンと勘違いされた。それほどアダルト感がある。

そして、この人は本当に立派なリーダーだ。主人公の越前《えちぜん》リョーマはずば抜けた実力の持ち主で、入部以来次々に強豪を倒すが、手塚部長は自ら試合をセッティングして、リョーマに勝つ。それによって「もっと強くなりたい」と思わせ、闘争心に火をつけた。また、紅白戦でやる気満々の2年生・桃城武《ももしろたけし》の番が来ると、相手を買って出る。これにも勝ち、桃城が「青学一の曲者《くせもの》」であることを見抜いたうえに、桃城の足首の捻挫が完治していることを確認する。チームのことをとってもよく見ている！

規律を乱す部員がいると「グラウンド10周！」あるいは「20周！」と厳しく接する。

部活を3日休んだ桃城武など、100周も走らされていた。青春学園のグラウンド1周は240mだから合計24㎞！　だが、自分に過ちがあるときは「グラウンドを何周でも走る　好きな数字を言ってくれ」と言う。自分にもきちんとキビシイ人である。

そんな手塚部長は、実は肘を痛めていた。医師によれば、成長期に関節に負担のかかるショットを無理して打った影響で、完治はしているが、まだ長時間のプレーは禁物だという。これが、『テニプリ』前半のクライマックスにつながっていく……。

本稿では、このスバラシイ手塚部長について、そのすごさを考えてみたい。

試合のシーンが少ない

手塚部長の初期の技は、「零式《ゼロしき》ドロップ」と「手塚ゾーン」である。

相手のコートに落としたドロップショットが、まったくハネ返らず、手塚部長のほうに転がる！　これが零式ドロップで、相手はなす術がない！

部長のショットを相手が打ち返すと、ボールは引き寄せられるように、部長のもとに戻る！　これが手塚ゾーンで、部長は1歩も動かないまま、ラリーを続けられる！

どちらも恐るべきワザだが、だからといって手塚部長はこれらを多用するわけではない。それどころか『テニプリ』においては、部長の試合シーンそのものがあまり描かれない。登場しても「ゲームウォンバイ手塚！」など、すでに勝敗が決まった後だったりする。

たとえば、コミックス第6巻では、前述のリョーマ相手の試合が、回想として描かれ（リアルタイムでの描写はない）、ストッと落ちたボールがハネ返らずにツツーッと転がっている。まさに零式ドロップの描写だが、ここで重視されているのは、ワザのすごさではない。自分が倒したリョーマに向かって、手塚部長が「お前は青学の柱になれ！」と言っていること、そして試合に立ち会った副部長の大石秀一郎《おおいししゅういちろう》が「全力で行かなければやられていた…のか」と部長に聞いていることだ。それほどリョーマは強く、そんなリョーマを全力で倒して、彼の成長を促そうとしたことが伝わってくる。

また、第6巻の部内の練習試合。ここも試合の描写はなく、「おおお　さすが部長!!不二《ふじ》先輩相手にもうきめちゃったよ!!」と感嘆の声で結果が示されている。だが不二先輩が「今ちょっと本気だったね」と言うのに対して、手塚部長は「当然だ」。実力No.2の不二のすごさと、それを認める手塚部長の姿勢がよくわかるやり取りだ。

手塚ゾーンとは何か？

とはいえ「手塚ゾーン」はやはり恐ろしいワザで、コミックスの第13～14巻ではそれがハッキリ描かれる。

関東大会に向けた部内のランキング戦。このとき手塚部長の相手となったのは、実力者の3年生・乾貞治《いぬいさだはる》だった。一進一退の試合となり、手塚部長の持ち技「ドロップショット」も拾われてしまう。ドロップショットを打つとき、ラケットのヘッドが3・2㎜下がることを、乾は見抜いていたからだ。

相手選手のラケットの3・2㎜の差を見極めるとは驚異的だが、手塚部長はその上を行った。試合はまだ乾がリードしているのに、状況に気づいた観客たちは声を失い、乾は「手塚……今のはいったい」と目を見張り、試合を見ていたテニス雑誌の編集者が「彼は中学生レベルを完全に超えてる」と驚く。それに続けて「見ろ…手塚君はあ・の場所から一歩たりとも動いていないんだ」。

これぞ手塚ゾーン！　乾のレシーブは、なぜかすべて手塚部長の近くに集まり、部長はその場を動かず、次々と打ち返す！　対戦相手の乾は「頭ではわかっているのに――予想出来るのに！　すべて打球が手塚に吸い寄せられる感じだ!!」「まさか回転を自在に操って――俺にそこへ打たせているとでもいうのか!?」と愕然《がくぜん》とする。

恐るべきワザである。科学的には、ボールのハネ返り方は「回転」によって変わる。たとえば、力を加えずにボールを地面に落とすとまっすぐハネ上がるが、これはボールが回転していないとき。ボールに回転を加えると、回転の方向によって、ボールがどこにハネ返るかも変わってくる。

したがって、手塚部長のボールが特殊な回転をしていれば、相手がそれを打ち返しても、部長のところに戻ってくる可能性はあるだろう。しかし、相手の打ち返すタイミングや速度、ラケットの動きなどによっても、ボールの回転は変わるはずだ。部長はそれらの影響も予想したうえで、自分のところに戻る回転を与えているのか⁉

これについては、要素が複雑すぎて、筆者の力では解明できません。ぜひとも「富《ふ》岳《がく》」など世界最高峰のコンピューターで解析してほしい。そのくらい複雑な話です。

では、もう一つのスゴ技・零式ドロップはどうか。これは「落下したボールがハネ返らずに転がる」というもので、実践できたらテニスでは圧勝するだろう。

これも回転に関係があるはずで、ボールがモノスゴク激しく回転していれば、地面とほぼ平行に（這《は》うように）ハネ返り、すぐさま落下して転がっていくだろう。

テニスボールは、直径6・7㎝、重量58g。これが高さ2mから落下して、地面とほぼ平行に跳ね返り、そのまま秒速10m＝時速36㎞で転がるための回転数を計算すると、毎秒235回転。プロのテニスプレイヤーが毎秒50回といわれるから、ほぼその5倍というモーレツ回転が必要だ**【図1】**！　それほどの回転を加えたりしたら、肘を傷めるのも無理はなく、手塚部長がこれを多用しなかったのもナットクである。

後輩はどれほど強くなる？

手塚部長の凄絶な試合が描かれたのは、コミックスの第17巻。氷帝《ひょうてい》学園の跡部《あとべ》景吾《けいご》

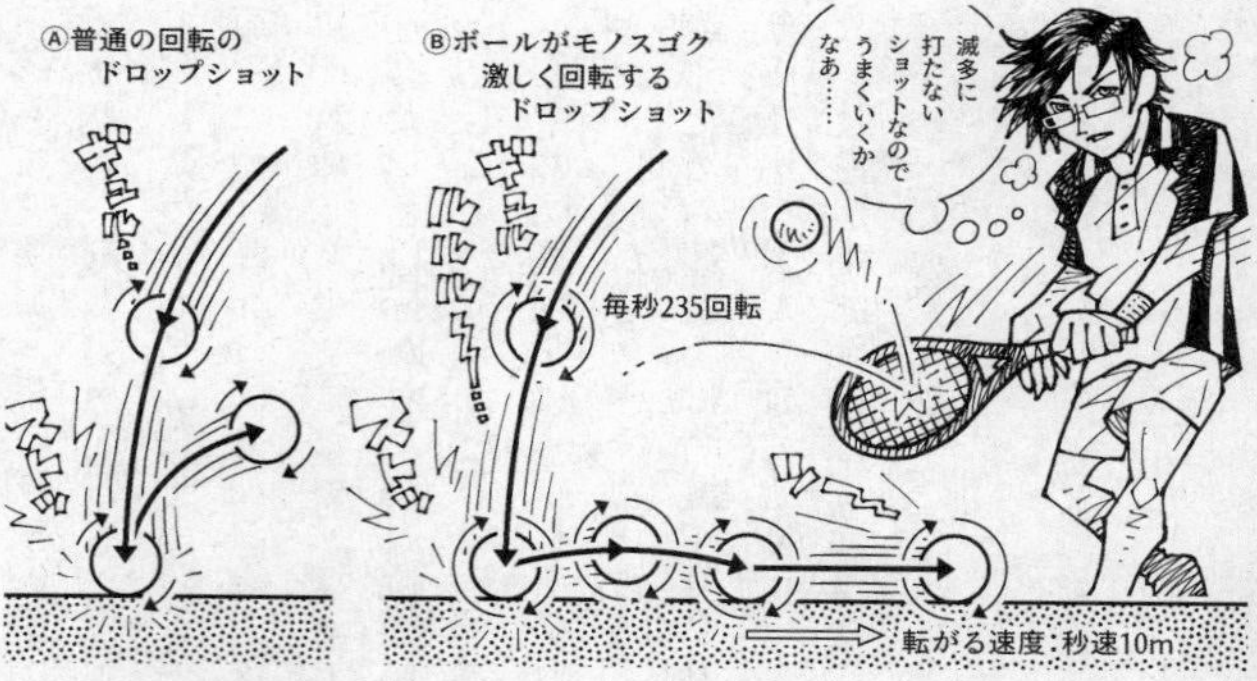

[図1] 部長の「零式ドロップ」は、落下したボールがハネ返らない！

との対戦であった。

跡部は、手塚部長が腕を痛めていることを知っていた。長時間のプレーがNGであると見抜き、試合を長引かせにかかる。手塚部長は肘をかばいながらプレーして、結果的に肩も傷めてしまう……。ここからはぜひ、マンガを読んでいただきたい。手塚部長の技術と精神力にも胸打たれるが、初めは策を弄《ろう》していた跡部が、だんだんテニスに真剣になっていく過程がとてもいい！

その後（試合結果はあえて書きません）、手塚部長は肩の治療のために東京を離れることになった。別れのシーンが、これまたいい。手塚の跡を継いで部長代理となった大石は、1年のリョーマ、2年の桃城、海堂にわざと聞こえるように、手塚の思い出を語る。リョーマには「手塚は1年生のとき、木から落ちてくる葉っぱに26枚連続でサーブを当てた」。桃城には「手塚は2年生のとき、切りカブ（丸太を短く切ったもので、校庭に椅子として置かれている）にボールを当てて倒した」。手塚の逸話に燃えた彼らは、旅立つ手塚を見送りにも行かず、ひたすら練習に明け暮れる。それこそ手塚の望んだことだったに違いない。

それにしても、すごい手塚エピソードである。作中、リョーマが「27枚連続」に成功したことは描かれたが、桃城がどうなったかには触れられていない。もし手塚部長と同じことができたとしたら、どんなボールが打てるようになったのだろうか？

作中の切りカブは、身長１７０cmの桃城と比べると、直径38cm、高さ30cmほどもあった。質感からケヤキだとすると、重さは22kg。これに58gのテニスボールを当てて倒すための速度とは時速１０２０kmだ！　プロのトップ選手は時速２５０kmくらいのサーブを打つが、なんと4倍！　桃城はもうめちゃくちゃ強くなったに違いない！

われらが手塚部長は、こんなふうに後輩を育て、仲間を育て、対戦相手さえ成長させていったのだ。『テニプリ』本編の前半だけでも、これだけの濃いエピソードを残したすごいキャラだ。もちろんその後も登場して、さらなるスゴ技を見せてくれるので、それについてもいずれ考察させてもらいたい。

『ルパン三世　カリオストロの城』での「ルパンの滝登り」はどれほど体力がいる行為か？

名作との誉れも高い『ルパン三世　カリオストロの城』は、『ルパン三世』シリーズのなかでも異色の劇場版である。

もともと『ルパン三世』は、モンキー・パンチが67年から「週刊漫画アクション」に連載していたマンガで、大人向けということもあり、お色気要素も盛り込まれたピカレスクな世界観だった。71年のテレビアニメは視聴率が振るわなかったが、各地で再放送されるうちに人気が出て、77年には第2期シリーズが始まっていた。

そんな流れのなかで、79年に劇場公開されたのが、宮崎駿《みやざきはやお》監督による『カリオストロの城』である。この物語で、ルパンは拳銃を1発も撃たないし、峰不二子《みねふじこ》はルパンや次元《じげん》を裏切らない。それどころか、クラリスという少女を救い出すために、ルパン一味が命がけで戦う、温かくて感動的な作品に仕上がっている。

原作者のモンキー・パンチは、試写会で作品を見て「これは僕のルパンじゃない」と言った後、こう続けたという。「僕には描けない、優しさに包まれた、宮崎さんの作品としてとてもいい作品だ」。スバラシイ裏話ですなあ。

公開当時はお客が入らず、大きな赤字を生んだが、アニメとしての完成度はたいへん高く、関係者やアニメファンからは高い評価を受けた。実際、とても面白く、何度見てもまったく飽きることがない。楽しいカーチェイスも出てくるし、食事の場面ではビックリするほど食べるし、なんといってもルパンのアクションがすごい！

とくに、幽閉された公女クラリスを助け出すために、カリオストロ城に潜入するシーンは印象的だった。激しい水流のなかを泳いだり、傾斜のキツイ屋根の上を走り回ったり……と、手に汗握る状況なのに、つい笑ってしまう場面の連続。『カリオストロ』といえば、これらのシーンを思い出す人も多いだろう。

そこで本稿では、このシーンの描写をもとに、ルパンの体力を考えてみたい。クラリスを救うために、ルパンはどれほどすごいことをやってのけたのか？

「ルパンの滝登り」を検証する

クラリスが閉じ込められているカリオストロ城。この城は湖の真ん中にあり、2本の橋で岸とつながっていたが、警備がとても厳重だった。橋の1つは城内に水を引くための「ローマ水道」になっており、侵入できるとしたら、この水道しかない。

そこでルパンと次元は、スキューバをつけて、ローマ水道のなかを泳いでいく。しばらく進むと、水道は途切れ、水は滝のように流れ落ちていた！　次元はなんとか壁につかまったが、ルパンは流れ落ちる滝のなかに……！

が、ここからのルパンがすごかった。大量の水がまっさかさまに流れ落ちるなかを、ルパンは泳ぐ！　しばらくは落差1ｍくらいのところに留まり続け、やがて次元の手をつかめそうなところまで戻ってくる！　水の流れに逆らって泳ぎ続けているのだから、驚異的だ。しかしそこで力尽きて、必死に泳ぎながらも、ついに流れに押されて落ちていく……。

このシーンは、ファンのあいだで「ルパンの滝登り」と呼ばれているという。なるほど、通称がつくのもナットクのすごい行為である。時間を計ると、ルパンは滝のなかで22秒も粘っていたのだから。しかし、こんなことが実際にできるのだろうか？

ルパンの身長179㎝と比較すると、彼が泳いだ水流は、幅2ｍ、厚さ1・5ｍほどの滝になっていた。こういう滑《なめ》らかな滝なら、流れよりも速く泳げば、さかのぼることは可能である。問題は、水が流れ落ちる速度だ。

劇中の描写を見ると、水量は多く、流れも速い。画面を測定し、計算してみると、途切れた水路から落ちる直前の水のスピードは秒速2・96ｍ。これはかなりの流速である。ルパンは平泳ぎで泳いでいたけど、男子平泳ぎ100ｍの世界記録は、イギリスのアダム・ピーティが出した56秒88（2019年）。その平均速度は秒速1・76ｍだから、ピーティでさえこの流れに逆らって泳ぐことはできないのだ。

しかも、これは流れ落ちる前の水の速度。滝になると、自由落下の速度が加わり、水のスピードは増していく。滝の下のほうほど、流れが速い。

前述のとおり、ルパンはしばらく落差1mのあたりに留まり続けていたけど、その地点になると、水流は秒速5・33mにもなる。ということは、ルパンはその速度で泳げるはずで、100mの記録は18秒77。金メダリストの3倍も速い！

こうなると、次元の手に届きそうなところまで行って、そこで力尽きちゃったのが、あまりにも残念だ。そのあたりの水の速度は、前述したように秒速2・96m。落差1mのところの56%でしかなく、泳ぐのに必要なパワー（1秒あたりのエネルギー）に至ってはわずか17%なのだ。もうひとがんばり……と思うけど、いやいや、それまでがすごすぎるガンバリだったのである。

どれほどの大ジャンプだったのか？

そしてもう一つ、忘れられないのが、尖塔《せんとう》の屋根を駆け下りて、ポワ～ンポワ～ンと大ジャンプしたシーン！

これ、ルパンとしても初めはそんなことをするつもりはなかった。ワイヤーのついた小さなロケットを飛ばして、ワイヤー伝いにクラリスの幽閉された塔まで行こうとしたのだ。

ところが、誤ってロケットを落としてしまう。屋根の途中に引っかかったロケットを取りにいこうとしたが、あまりにも屋根が急なので、足が勝手に走り出して止まらなくなる！「あららららら〜」と叫びながら、もはやロケットどころではなくなって、ずーっと走っていき、そのまま屋根の端からジャンプ！ポワ〜〜〜ンと宙を跳んで、途中にあった建物の尖った屋根を蹴り、再びジャンプ！またポワ〜〜〜ンと跳んで、今度はビターンと建物の壁に激突した！

幸運にもこれがクラリスの幽閉されていた建物で、ルパンは根性でしがみついて、壁をよじ登っていくのだった……。

うはははは。何度見ても楽しく、科学的にも気になって仕方のないシーンである。このときの2度にわたる大ジャンプは、どれほどすごい行為なのか？

ルパンが走った屋根は、上のほうは60度ほどもの急勾配《こうばい》だった。そこから傾斜はだんだん緩くなり、いちばん下は水平になっていて、ルパンはそこから斜め上30度の角度で飛び出した。1回目のジャンプの滞空時間は3・2秒。そして、離陸地点と同じくらいの高さの尖塔に着地して、2度目のジャンプに至っている。

まず1回目のジャンプを考察しよう。ポイントは3・2秒という滞空時間。前述の「離陸地点と着地地点が同じ高さ」という条件のもとで計算すると、ルパンが跳び上がった高さは12m55㎝！　キューバのハビエル・ソトマヨルの走り高跳びの世界記録2m45㎝（1993年）より、なんと10m10㎝も高い！

こんなに高く跳んだからには、たいへんな速度で離陸したはずだ。そのスピードを

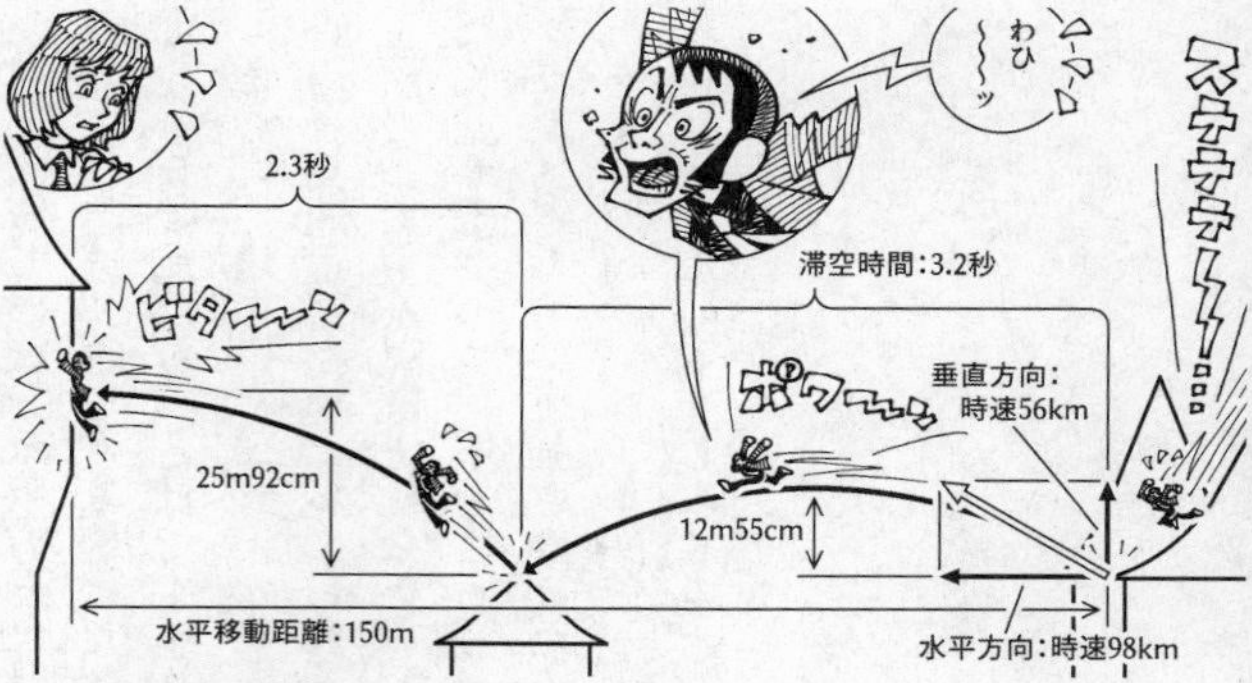

［図１］屋根から屋根への大跳躍シーンの実態

計算すると、時速56㎞。そして、上向きにこの速度を出しながら、斜め上30度の角度で跳んだということは、水平方向には時速98㎞で跳んだはず！　屋根を駆け下りる勢いがついていたとはいえ、オドロキのスピードだ。

ジャンプ2回で150m！

2度目のジャンプは、もっとスゴかった。

このときの滞空時間は2・3秒。「1回目のジャンプより短い」と油断してはなりませんぞ。注目すべきは、ルパンが最高点で水平にビターンと壁にぶつかったこと。つまり、ジャンプの半分のところでぶつかったわけで、もしぶつからずに離陸地点と同じ高さに着地したとしたら、滞空時間は4・6秒にもなっていたはずなのだ。跳び上がった高さは25m92㎝！

さらに驚くのは、水平方向に跳んだ距離。2回のジャンプのあいだ、ルパンは水平方向には時速98㎞で進み続けたはず。それは秒速27・2mであり、滞空時間は合わせて5・5秒だから、合計で150mも進んだことになる。たったの2歩で【図1】！

そして、塔の壁にぶつかったときのスピードは、水平方向の速度そのままの時速98㎞！　高速道路で車にハネられるようなもので、こんな勢いで壁にぶつかったら、命を落としても不思議ではない。しかし、ルパンは無事で、それどころか落下することなく壁に張りつき、壁をよじ登ってクラリスに会いに行った。この驚くべきタフさは、クラリスへの想いの強さゆえだろうか……。

あまりの超絶プレーを顔色一つ変えずにやってのけるルパン。クラリスが心を盗まれてしまったのも、しみじみナットクなのである。

『お兄ちゃんはおしまい！』のまひろは、
妹が作った薬で男性⇓女性に！　そんなコトあり得る!?

「ある日 目が覚めたら女の子になっていた」。

マンガの1ページ目から、カフカの『変身』みたいな直球ナレーションで始まるのが『お兄ちゃんはおしまい！』である。

女の子（しかも中学生くらいの美少女）になっちゃったのは、自称「孤高の自宅警備員」＝引きこもりのニートの緒山真尋《おやまひろ》（以下まひろ）。鏡を見て「誰⁉」と驚き、とりあえず胸を触って本物なのを確かめ、続いて下半身を確かめようとパンツを下げたところに、妹のみはりが「お兄ちゃんおはよー！」と入ってきた。最悪の展開だ！

と思ったら、みはりは興味深そうに兄を観察し、兄より先に下半身をも確認すると「うんうん まずは大成功ね」と納得している。なんと、まひろを女の子に変えたのは、妹のみはりだった！ 彼女は、飛び級で大学に入るほどの天才で、密かに「お兄ちゃん改造計画」を立案、研究室で薬を開発して、夕飯のときにこっそり飲ませたのだ。

こうして女子としての日々が始まったまひろは、トイレやお風呂でいちいち戸惑い、落ち込んだりもするが、心境は少しずつ変わっていく。転換点は、みはりに無理やりランニングに連れ出されたとき。2年も引きこもっていたまひろは、体力も落ちていて、妹に追いつけないが、それを不快に感じなかった。彼はずっと「スポーツも勉強もできる優秀な妹の兄」という立場で生きてきて、周囲からの視線や重圧感を感じていたが、最近は「自分が身の丈に合った位置に収まった感じがする」と思うようになったのだ。まひろは走りながら「もう兄はやめにしていっそこのまま――」。なるほど、だから『お兄ちゃんはおしまい！』というタイトルなんですね。見るからに妹よりも幼い女子になってしまったこともあり、まひろは「妹の妹」として生きることになる。考え方や感じ方も女性らしくなっていくが、それでも男性の目線はなかなか消えず、それゆえの悲喜交々《こもごも》がオモシロイ。

しかし、科学的に考えずにいられない。男性を女性にする薬なんてモノが作れるのだろうか……!?

男女は何で決まる？

生物の形質（体の特徴や機能）を決めるのは、細胞の核に含まれる染色体だ。人間の染色体は23対《つい》＝46本。そのうち22対は性別に関係ない「常染色体」、1対は性別を決める「性染色体」だ。ここでは性染色体だけに注目しよう。

人間の性染色体には、XとYの2種類がある。「XX」なら女性に、「XY」なら男性になる。では「YY」なら？　と誰でも気になるけれど、そういうことは起こらない。父親の性染色体は「XY」。このうち精子にはXかYが1本だけ入る。

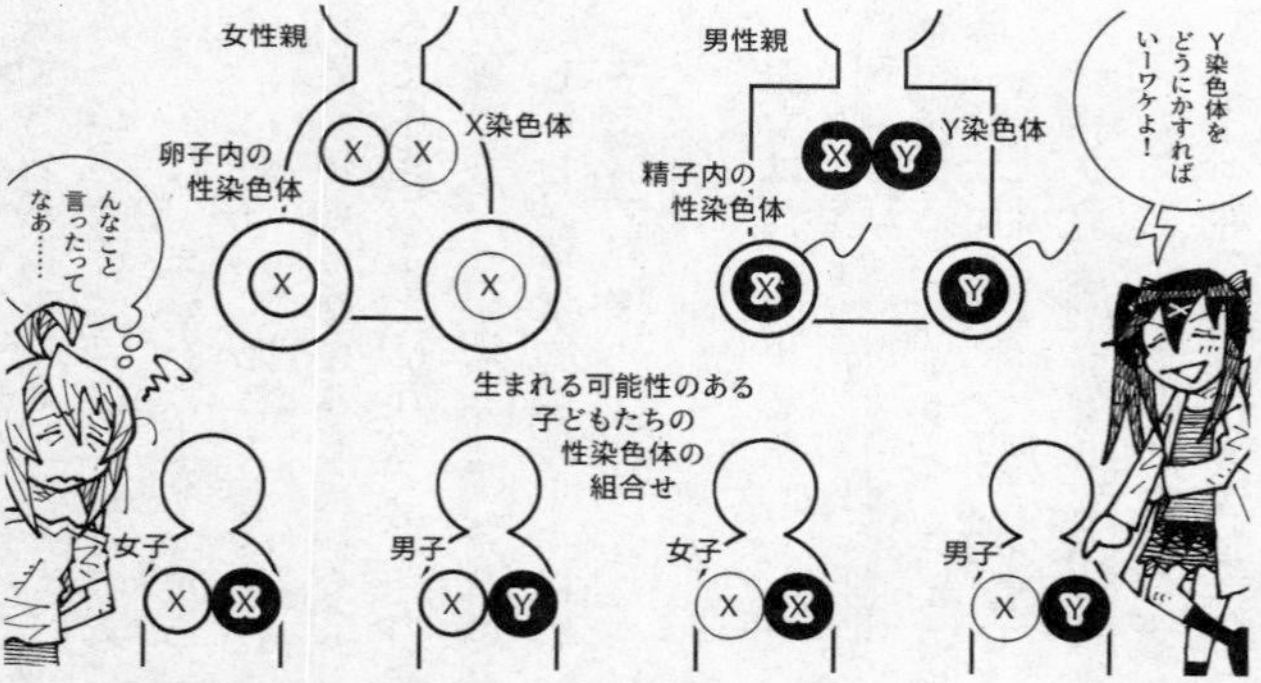

［図１］男女の性別は、染色体の組み合わせによる

母親の性染色体は「ＸＸ」。卵子には、こちらも１本が入るが、どっちにしてもＸ。これに精子のＸかＹが組み合わさるので、子どもは必ず「ＸＸ」か「ＸＹ」になる。

精子は何千万、何億と作られるので、Ｘを持つ精子とＹを持つ精子は半分ずつ。そのうち１つが卵子と受精するので、男女が生まれる確率は同じになる。なんと精妙な自然の摂《せっ》理《り》であろう。

だからといって、男女の性別が入れ替わることはあり得るのだろうか。それには「ＸＸ」⇔「ＸＹ」の変化が必要だが……。

実は、女性が持っている「ＸＸ」のうち、片方は眠りについている。「Ｘ染色体不活性化」と呼ばれる現象で、同じ情報が二重に出されて、混乱するのを防ぐためと考えられている。つまり女性が持つ２つのＸのうち、機能しているのは1つだけなのだ。

すると！　もし、みはりの薬にY染色体を不活性化させる働きがあるとしたら？　まひろの性染色体のうち機能するのはXだけとなり、女性とまったく同じに！

つまり、女性を男性にするにはXをYに変えなければならず、それはモーレツに難しいだろうが、男性を女性にするにはYを不活性化するだけでいい。なんと『おにまい』の女子化は、科学的にもナットクではないですか～【図1】。

人生をさかのぼれ！

だが、染色体が女性と同じになったとしても、成人男性のまひろの体が一晩で女性の体になるのか？　そう思って調べたら、う～む、コトはそれほど簡単ではない！

性染色体が決定的な働きをするのは胎児のとき。妊娠7週目までに「原始性腺」が作られ、それはY染色体があれば精巣になり、なければ卵巣になる。その後は、精巣が出す男性ホルモンと、卵巣が出す女性ホルモンの働きで、男女それぞれの体が作られる。20歳くらいのまひろの場合、いまさら性染色体が女性化しても関係ナシ！

ホルモンといえば、マンガの第57・58話に気になるシーンがあった。海水浴に行ったとき、友達のなゆちゃんが誤ってみはりの薬を飲んだところ、胸がモーレツに大きくなったのだ！　即効性のある薬で、しばらくはどんどん膨らみ続けたが、1時間ほどで効果は切れて、たちまち元の大きさに戻っていた。

みはりが開発した薬を女子が飲むと、体つきがますます女性化することが確認されたわけだが、ここから考えると、この薬は濃厚な女性ホルモンなのだろうか⁉　実際に男性に女性ホルモンを投与すると、女性らしい体になるが……。

だが、まひろは月経を経験している。これは卵巣が卵子を排卵する現象であり、胸が大きくなるとか、その程度の女性化では起こり得ない。まひろの体は、本格的に女性になったということだろう。

だとしたら、考えられる可能性はただ一つ。みはりの薬は、まひろの体を妊娠7週の胎児の段階にまでさかのぼらせたに違いない。そこでY染色体不活性化が効いて、原始性腺が卵巣になった……はず！

生物の成長は、決して元に戻らない「不可逆過程」だが、みはりの薬はそれすらも可能にしたのだろう。妊娠7週目の胎児とは、体長8～14㎜であり、まひろは眠っているあいだにそこまでいったん退行したうえで、今度は13年分も成長したはずなのだ。女子になって目覚めたばかりのとき、まひろは「ん―…風邪かな」「そういや身体もダルいような…」などと言っていたが、合計30余年の退行と成長を一晩で行ったのだから、それはモーレツに疲れたに違いない！

それにしても、あまりにもスゴイ薬である。みはり姉さん、天才すぎ！

『ドラゴンボール』のかめはめ波。
自分にも撃てそうな気がするが、実際はどうなのか？

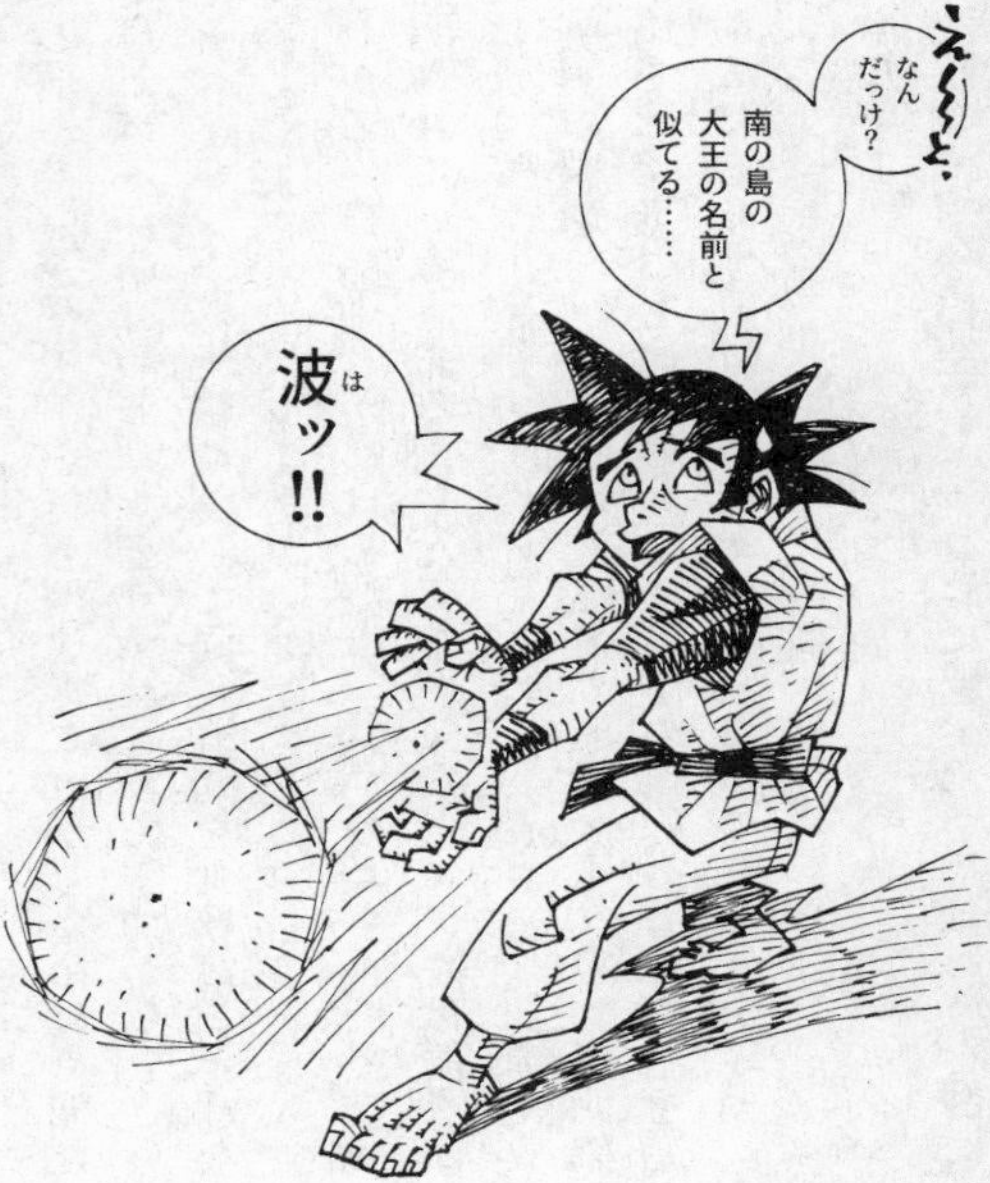

孫悟空が両手を向かい合わせて「か〜め〜は〜め〜」と気合いを入れると、手のひらのあいだに光の球が現れる。その輝きが最大限に達するや、「波《は》〜ッ！」と両手を突き出すと、光の球はゴーッと飛んでいき、相手を打ち倒す。これが、かめはめ波だ。

この技について、筆者はしばしば「かめはめ波は、どうすれば撃てますか？」という質問を受ける。ウルトラマンのスペシウム光線に関して同じ質問を受けたことはないから、「かめはめ波は自分にもできそうな気がする技」ということだろう。

その気持ちは筆者にもよくわかる。作品中、かめはめ波は「気」のエネルギーを凝縮して一気に打ち出す技と説明されている。やる気や元気や弱気など「気」は誰もが持っているから、体力や技術はなくても、精神力でなんとかなる気がするではないか。

ただし「気」は科学的に未解明の概念で、存在が確認されたわけでも、定義が明確なわけでもない。そこで、本稿では「気」を体内のエネルギーの総称と考えて話を進めたい。その場合、われら一般人はどうすればかめはめ波を撃てるのだろうか。

意外とすごい人間の体内エネルギー

ここでは、天下一武道会の決勝戦で、孫悟空がピッコロに撃ったかめはめ波を例に

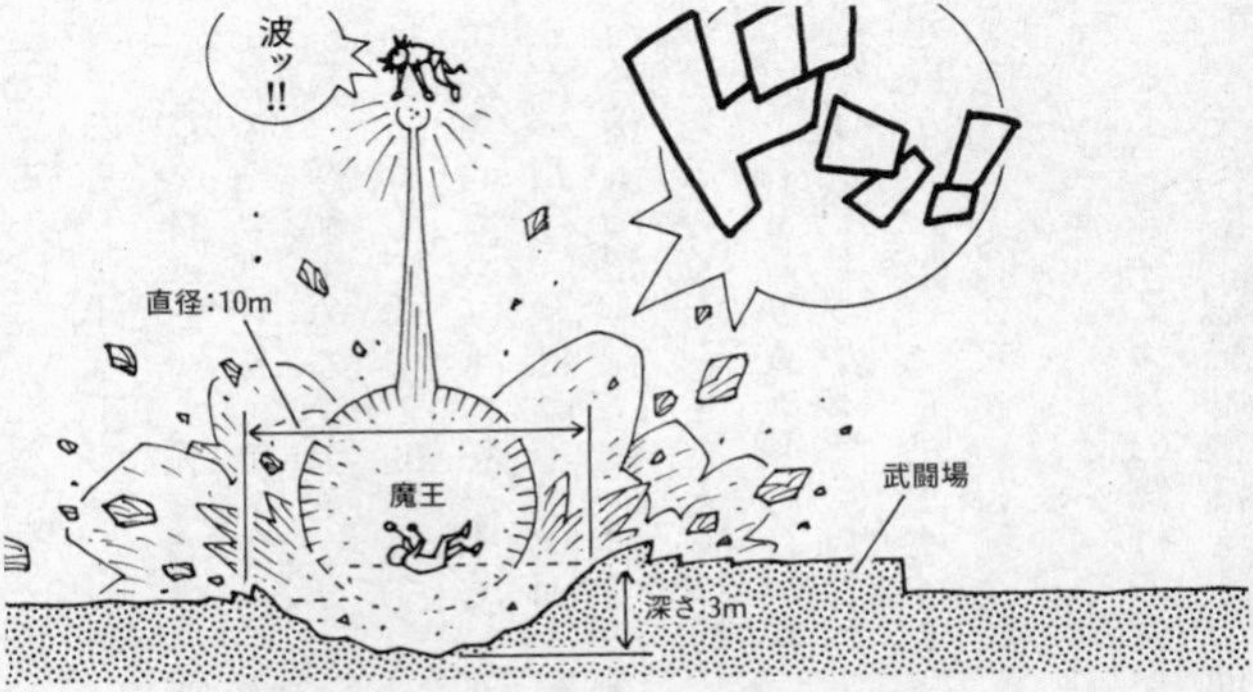

[図１] 気のエネルギー波は、武闘場に巨大なクレーターを作った

考えてみよう。悟空はかめはめ波を空中から放ち、岩でできた武闘場・武舞台を破壊して、直径10m、深さ3mほどのクレーターを作った【図1】。

　その規模と形から、このときのかめはめ波は、爆薬26kg、標準的ダイナマイト130本分＝2万6千キロカロリーのエネルギーを持っていたと思われる。そんなエネルギーが人体にあるのか？

　ある！　体重50kg、体脂肪率20%の人の体には、10kgの体脂肪がある。脂肪1gには9キロカロリーのエネルギーが含まれるから、10kgなら9万キロカロリー。人間は誰でもダイナマイト450本分くらいのエネルギーを持っているのだ。単純計算すれば、前述のかめはめ波なら3発は放てることになる。

　問題は、どうすればそのエネルギーを武器

にできるか、だ。かめはめ波は、両手のあいだにエネルギーを溜め、それを相手にぶつけている。まずは手のひらのあいだに、体内のエネルギーを溜める必要があるわけだ。

人間の体からは、常にエネルギーが放出されている。体重50kgの人は、1日におよそ2千キロカロリーのエネルギーを食べものから摂《と》る。そのうち半分は生きるのに使われ、残り半分の1千キロカロリーが熱となって、体の外に出される。手のひらの面積は、両手で体の表面積の50分の1ほどだから、左右の手のひらからは1日に合わせて20キロカロリーの熱が出ている計算になる。

だったら、話は簡単だ。両手を丸くしてぴったり合わせ、この熱を手のひらのあいだの空気に溜めればいい！　目標は2万6千キロカロリー。1日に20キロカロリーずつ溜めていくと……、ええッ!?　1300日＝3年7ヵ月もかかるの!?

う〜む、なかなか長いな。小学6年生のお正月に溜め始めた場合、3年7ヵ月経ったら高校1年の夏になってしまう。そのあいだ、学校でも家でも、ず〜っと手のひらを向かい合わせにしたまま。中学の3年間、鉛筆も持てないので、宿題も部活もできないし、学校のテストも受けられるかどうか……**【図2】**。

さあ、3年7ヵ月の修行の成果は!?

いやいや、勉強も部活もその他いろいろな楽しみも封印して、オレは中学3年間を

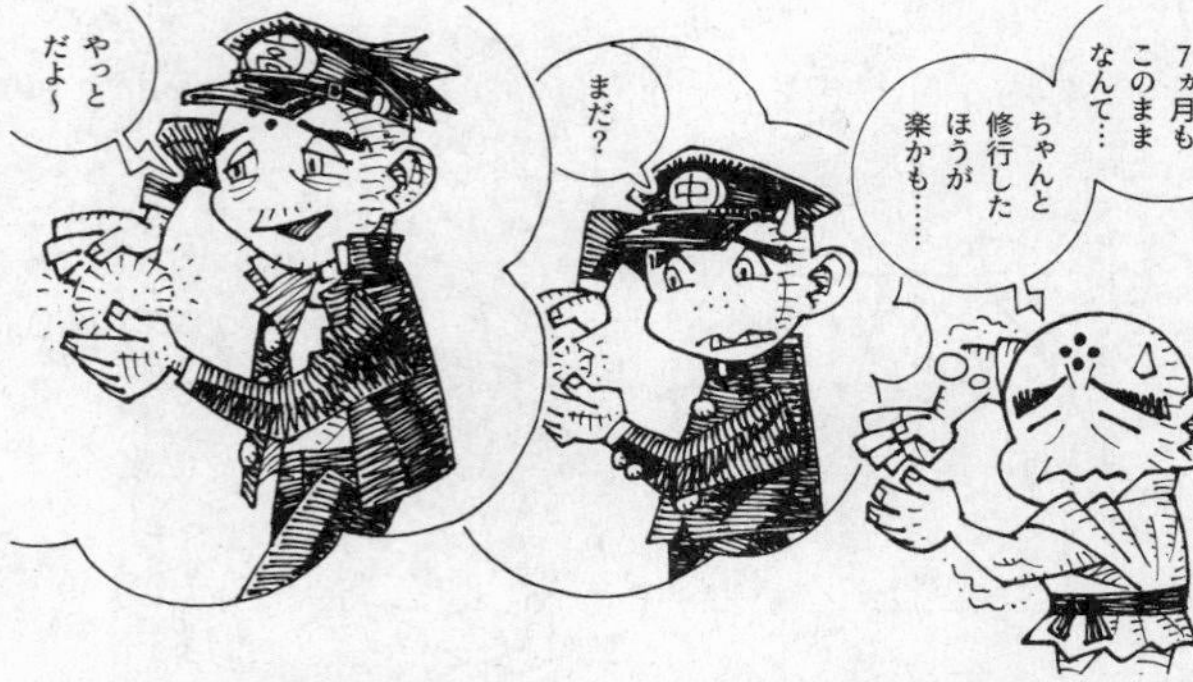

[図2] 両手を合わせて3年7ヵ月。この間、他の修行は厳禁である

かめはめ波に捧げるぞ！　そう思う熱い心の持ち主もいるだろう。確かに、高校1年生が本当にかめはめ波を放ち、直径10m、深さ3mものクレーターを作ったら、一躍ヒーローになれる。中学3年間の地味な日々を補って余りある幸せが、ドミノ倒しのように押し寄せてくるかもしれない。

だが、話はそう簡単ではない。実は、右の「20キロカロリー×1300日」は、それだけのエネルギーを蓄積できるとするならば、という仮定の話なのだ。すみません。

熱のエネルギーは、自然のままでは、温度の低いほうから高いほうへは移らない。両手を合わせてかめはめ波のエネルギーを溜める場合も、手のひらのあいだの空気は、初めのうちは温度が上がっていくが、体温と同じになったら、それ以上には上がらなくなる。

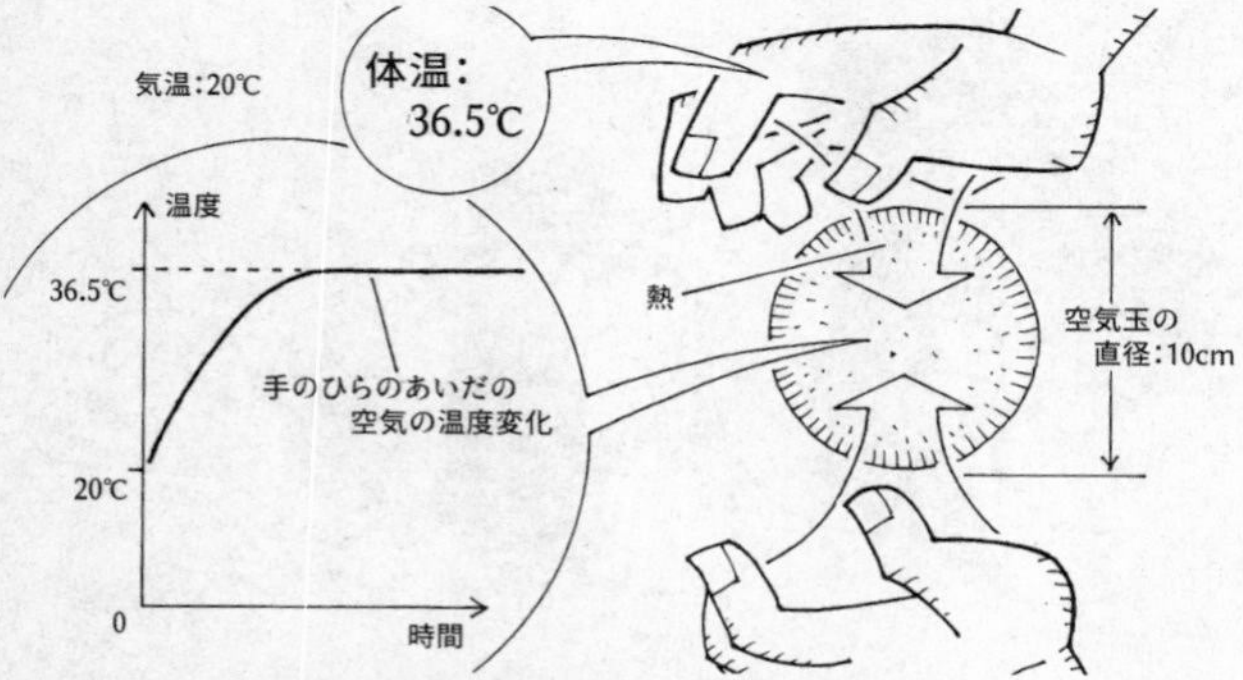

［図3］何年経っても、空気の温度は体温を上回らない

36・5℃という温度の手のひらが、空気をそれ以上の温度に上昇させることはできないのだ。どれだけ長くがんばっても、空気の温度は36・5℃のまま【図3】！

こうして作ったかめはめ波の威力は、悲しいまでに小さい。手のひらのあいだの空気が直径10㎝の球だとすると、溜められるエネルギーは、2カロリー。これは、1ｇの水の温度を2℃上げるエネルギーでしかない。3年7ヵ月の苦行に耐え、いよいよ敵に「か～め～は～め～波～ッ！」とぶつけたところで、相手はホワッとかすかな温かみを感じるだけ。寒い季節だったら、むしろ喜ばれるだろう。青春を棒に振ってこの結果とは、あまりに残念、モノスゴク無念……。

では、どうすればいいのか。筆者は先ほど「熱のエネルギーは、自然のままでは、温度の低いほうから高いほうへは移らない」と書いた。注目してほしいのは「自然のままでは」というところ。自然のままでなければ、つまり人工的に何かをすれば、熱を温度の低いほうから高いほうに移すことも可能なのだ。

たとえば冷房である。この機械が室内を涼しくしてくれるのは、電力を使って、温度の低い室内から、温度の高い屋外に、熱を移動させているからだ。そのような装置を「ヒートポンプ」といい、冷蔵庫、暖房、温水器など、多くの機械に使われている。

現在はまだ作られていないが、性能のいいヒートポンプのついた手袋が開発されれば、温度の低い手のひらから、温度の高い空気に熱を移すことができるだろう。それはすなわち、かめはめ波が撃てるということだ！

うおっ、手のひらで大爆発！

そんな日がきて、実際にかめはめ波を撃つとしたら、注意してほしいことがある。手のひらのあいだの空気に熱を溜めていくと、空気は温度が上がり、膨張しようとする。2万6千キロカロリーが溜まったとき、温度は2億4千万℃、膨張しようとする力は6万7千t。これを腕力と根性と気合で押さえ込まねばならない。猛烈に大変だと思うが、途中であきらめてしまったら元も子もない。

そして、いよいよ相手に向かって「かめはめ波！」と手を突き出すと、6万7千t

［図4］気のエネルギー波を放つと、その爆風はまず自分を襲う

の圧縮力から解放された空気は、爆発的に膨張！　つまり自分の手元で大爆発が起こる。爆風は衝撃波となって全方位に広がるから、敵もやられるが、自分もただでは済まない。いや、爆心に近い分だけ、敵よりも先に、敵よりもひどくやられるだろう【図4】。3年7ヵ月をかけて放った必殺技で自分が瀕死。これもぜひとも避けたい事態だ。

うーむ、なかなか難題が多いな、かめはめ波。2億4千万℃に耐えるヒートポンプつきの手袋が開発され、空気の膨張を抑える6万7千tの腕力を有したうえで、それを敵にぶつける手段が必要……。だが、ここまで問題点が絞り込まれているのだから、かめはめ波はいつか必ず実現できるに違いない。さあ、その日を待ちながら腕力を鍛えようではないか。

『リコリス・リコイル』の千束は、
至近距離の銃弾も避けられる。　なぜ？

『リコリス・リコイル』は2022年7〜9月に放送された、全13話のオリジナルアニメーション。もうビックリするほど面白い！　錦木千束《にしきぎちさと》と井ノ上たきなのバディ関係がとっても魅力的だし、脇を固めるミズキ、クルミ、ミカたちもスバラシクいい味を出していた。回を重ねるごとに、キャラたちが愛しくなっていく。

一方、背景の世界観は不穏で、その妖しい雰囲気も話が進むにつれて増していった。舞台は「治安のよさで定評のある日本」。首都東京にも大きな犯罪は起こらず、それは日本人の気質がそうさせているのだ……と人々は思い込んでいるが、実はその裏には、犯罪者を極秘に抹殺する治安維持組織「DA」の存在があった。

DAは孤児を集めて特殊な訓練を施し、「リコリス」と呼ばれる女子たちを育成している。リコリスは、犯罪を未然に防ぐための殺人を許可されており、女子高校生に偽装して街なかに潜伏している。そして、事件が起こると極秘に対処。事件は事故として報道され、悲劇は美談にすり替えられて広められる。その結果、日本は平和に見える……という仕組みになっているのだ。しかしリコリスたちの存在は一切ヒミツにされ、任務で命を落としてもすべて隠される。あまりに不憫《ふびん》である。

もう一つの不穏な要素は、「アラン機関」の存在だ。スポーツ、文学、科学、芸能などあらゆる分野の天才を見出して無償の支援を行う組織で、多くが謎に包まれている。慈善団体のように見えて、そうではない。アラン機関がその人のどんな才能を認めたかは、本人にも伝えられないが、支援を受けた「アランチルドレン」は、その才能を世界に届けなければならない。主人公の千束もチルドレンの一人で、彼女が認められたのは「殺しの才能」だった……！

『リコリス・リコイル』の舞台は、こういう「一見よさげに見えるけど、実は深い闇が広がっている世界」なのだ。そこにおいて、千束は底抜けに明るく前向きに生きている。たきなも彼女と出会って、少しずつ生き方を変えていくことになる。

アラン機関に認められた才能

千束は、幼いときから「リコリス」として優れた能力を発揮していたが、先天性の心疾患があり、余命はわずかだった。それが、アラン機関に才能を認められ、高性能の無拍動人工心臓を移植されるという支援を受けて、生き長らえることになった。

だが幼い千束は、自分の命を救ってくれたのは、病院で出会った紳士だと信じた。紳士＝吉松シンジはアラン機関の一員だったのだが、正体はもちろん名前も明かすことなく、「君には大きな使命がある。それを果たしてくれ」と告げる。

千束はその言葉を深く胸に刻んで成長し、人を助ける生き方がしたいと望むようになった。ＤＡの末端支部・喫茶リコリコ（表向きは単なる喫茶店）での地味な仕事も、地域の人々の役に立てると喜んでいる。リコリスとして戦うときも、相手の命を奪わないように、ゴム製の非殺傷弾丸を使い、戦闘中に負傷した相手の手当てを優先したりする。

だが前述のように、千束がアラン機関に認められ、支援されたのは「殺しの才能」だったのだ。シンジの言った「君には大きな使命がある」とは、多くの人を殺すこと。それゆえシンジは、最強のリコリスに成長した千束を戦いに引きずり込もうと、犯罪者たちとも手を組む。たきなの「手柄を立てて、ＤＡ本部に復帰したい」という気持ちさえも利用する。

このあたり、とても切ない。千束がシンジを心から慕い、たきなの気持ちを盛り上げて、明るく前向きに生きようとしているだけに、見ていて胸が締めつけられる。シンジとミカの複雑な心情も本作の見どころだが、それでもこの2人は腹立たしい。

なぜ避けられるのか？

アラン機関は「殺しの才能」を千束のどこに見出したのか？　それは、撃たれた弾丸を避ける技術だろう。千束は、ピストルの弾丸も、機関銃の弾も、模擬戦のペイント弾も、流れるように優雅な動きで避ける！　至近距離から放たれた銃弾すらも！

その才能が初披露されたのは、第1話の終盤だった。ある女性を車に連れ込んだ犯人たちと、激しい銃撃戦が起こる。たきなは車の前方から撃ちまくっていたが、千束はそれをやめさせ、車に近づいて、犯人の前にひょいと顔を出す。距離は1mもない。犯人が発砲すると、千束は頭を軽く動かす。弾丸は、顔のすぐ横を飛んでいった。その後も犯人たちは何度か発砲したが、結果は同じ。千束はスッスッと頭を動かして弾丸を避け、数本の髪の毛だけが銃弾で切られて、ハラハラと宙を舞うのだった。

驚くべき対応だが、人間は弾丸を避けることができるのだろうか？

ピストルの弾丸は、標準で秒速400m。音速は、気温20℃のとき秒速340mだから、弾丸は音より速いのだ。つまり、パンという発射音を聞いてから動いたのでは、間に合わない。音が聞こえたときには、弾丸はもう自分に命中している！

だったら、視覚に頼れば大丈夫だろうか？　銃身から弾丸が打ち出される様子を目視して、それに反応するのなら可能？

これも現実的ではない。秒速400mの弾丸は、10m離れていてもわずか0・025秒で飛んでくる。千束の場合、距離はたったの1mだから、0・0025秒だ。

一方、人間が何かに反応するには、最短でも0・1秒かかるといわれる。0・0025秒で飛んでくる弾丸に、0・1秒かけて反応したのでは、間に合わない。

仮に、千束の反応時間がゼロ（見た瞬間に動ける）だとしても、難しいだろう。弾丸の滞空時間0・0025秒をすべて回避運動に使っても、この短時間に頭部を10㎝動かしたら、アタマの移動速度は時速144㎞になる。「静止⇓トップスピード⇓静止」の平均がこの速度で、こういう運動の場合、最大速度は平均速度の2倍になるから、時速288㎞。新幹線なみ！ そんな速度で頭部を動かしたら、3260G（重力の3260倍の力）が脳にかかる！ 脳がツブレてしまう！

千束の洞察力がすごい

とアレコレ書いたけど、これは音や目視で発砲を認知してから動く場合の検証だ。千束の弾丸回避はそうではなく、弾丸より速く動けるわけでもないことは、千束自身が述べている。

では、なぜ回避できるかというと、楠木司令官によれば「卓越した洞察力で、相手の射線と射撃タイミングを見抜く天才だ」。つまり、相手の動きを読んで予測する！

それをハッキリ示すエピソードがある。たきなと千束が同居することになったとき、2人は月曜から日曜までの料理・洗濯・掃除の分担をジャンケンで決めたのだが、7日×3種類のすべてを、たきなが担当することになってしまった。千束がジャンケンに全勝したのだ！ これ、確率としては210万分の1だから、どんだけ強運なの⁉と思ったのだが、そうではなかった。

このあたりを撃つ気ね…
う…

[図1] 卓越した洞察力が、奇跡のような弾丸避けを可能にする

ミカとミズキによれば、「最初はグー」のジャンケンでは、千束には決して勝てないという。なぜなら千束は、相手の服や筋肉の動きを見て、次の動きを予測できるから。「最初はグー」ジャンケンでは、グーのときの動きで、相手が次に同じものを出すつもりか否かを読み取ってしまう。同じグーなら、千束はパーを出して勝つ。違うなら、千束はチョキを出すと、勝つか引き分ける。引き分けたら、そのときの手の動きから、また次の手を予測し……というわけだ。

相手がアクションを起こす前に、相手の次の行動がわかる！　恐るべき話である。

撃つと決めてから実際に撃つまで、相手にも0・1秒が必要だから、千束はそれよりわずかでも短い時間で動けばいい。たとえば、相手が銃を撃つ0・09秒前に、相手の射線

（どの方向に撃つか）と射撃タイミング（いつ撃つか）を見抜いて、弾丸の当たらない場所に動けば、相手は千束が動いたのがわかっても反応できず、千束が動いた0・09秒後に、もともと狙っていた方向に撃ってしまうだろう。つまり、千束には0・09秒の余裕ができる。これなら10㎝動いても最大速度は時速8㎞。走るより遅く、千束がスッスッと優雅に動いていたのも納得だ。脳にかかる力も2・5Gで、これなら問題ない**[図1]**。

千束は、距離30㎝とか、もっと近い距離から撃たれることもあったが、いずれも軽々と避けていた。たとえ距離ゼロでも、この洞察力があれば、相手が千束を撃つのは不可能なのだから、当然だろう。

そして、劇中の千束の行動を見る限り、実はもっとすごいのではないかという気もする。ペイント弾による模擬戦のときなど、6人に同時に発砲されながらすべて避けていたし、暗闇で撃たれたり、背後から撃たれたりした場合でも避けていた。相手の服や筋肉の動きが見られないような状況でも、スッスッと滑らかに避けるのだ。

これはもう、わずかな空気の流れを察知する能力があるなど、普通の人間には備わっていない能力を持っているということではないだろうか。さすが、アラン機関に認められた才能である。

『リコリコ』は新作も決定しているので、再び千束に会える日がモーレツに楽しみだ。

『HUNTER×HUNTER』の〝絶対時間《エンペラータイム》〟は、1秒使うと寿命が1時間縮む！　クラピカはどうなる？

驚くべきマンガですなあ、『HUNTER × HUNTER』。

「週刊少年ジャンプ」で連載が始まったのは1998年3月で、8年続いて、2006年に休載となった。そのまま終わるかと思ったら、1年8ヵ月後に再開して、その後は休載→連載→休載→連載を何度も繰り返し、18年11月からの休載期間は、なんと3年11ヵ月間。今度こそダメかと思ったけど、22年10月に不死鳥のようによみがえり、同年12月まで3ヵ月連載して、ついに「週刊連載の終了」が宣言された。これにより、今後はどれほど長く載らなくても「休載」ではないことになったわけだ。

98年の連載スタートから22年末まで24年9ヵ月＝297ヵ月、カウントしてみると、雑誌にマンガが掲載されたのはそのうち132ヵ月、休載していたのは165ヵ月である。作者の冨樫《とがし》先生は体調不良のなか、あきらめずに描き続けてくれたわけで、本当にお疲れさまでした！

あ。いかん。こんな書き方をすると、もう続きが描かれないみたいではないか。違う違う。決してそうではない。週刊連載での復活は目指さないというだけで、別のスタイルでマンガが描き続けられるのは確実だ。モノスゴクたくさんの読者が待っているし、ワタクシも待ち望んでいる。

そして、今後の展開が気になる要素は多々々々々あるが、なかでも筆者が気がかりなのはクラピカの運命だ。『HUNTER × HUNTER』でもひときわ魅力的な彼が発動する〝絶対時間《エンペラータイム》〟は、1秒使うと、その寿命が1時間縮んでしまうというのである。

え～～～～～っ!?

これはもう、きちんと続きを描いていただき、クラピカがどうなるかを見届けなければ気がすみません。冨樫先生、よろしくお願いします。でも、それが描かれるまでにはもう少し時間がかかるような気がするので、ここで筆者が科学的に考えてみたい。

〝絶対時間〟とは何か?

少し復習しておくと、『HUNTER × HUNTER』の世界には「念能力《ネン》」というものがある。これは、体からあふれだす「オーラ」という生命エネルギーを操る能力で、これを習得するとさまざまな特殊能力を発揮できる。

念能力には「強化系」「変化系」「具現化系」「特質系」「操作系」「放出系」があり、どの型になるかは、生まれ持つオーラの質によって決まっている。本来の型以外の型も、ある程度は修得が可能。とはいえ限界があるし、とくに特質系は、生来の型が特質系でなければ修得できない。

ところが、〝絶対時間〟を発動すると、もともとは具現化系のクラピカが、特質系になれると同時に、すべての系統の力を100％発動できる！　具現化系はもちろん、強化系も、変化系も、操作系も、放出系も、そして特質系も100％に……！

完璧すぎる〝絶対時間〟だけど、クラピカがこれを使えるようになったのは、その生い立ちと関係がある。彼は、「幻影旅団」に皆殺しにされたクルタ族の生き残りだ。クルタ族の瞳は普段は茶色に近いが、感情が激しく昂《たかぶ》ると、燃えるような緋色《ひいろ》に変わる。その状態で死ぬと、瞳が緋色のままになるため、「緋の眼」として高値で取り引きされる。〝幻影旅団がクルタ族を惨殺したのも、緋の眼を狙ってのものだった。クラピカは幻影旅団に復讐し、同胞の眼を取り戻すためにハンターを目指した。――ここまでは、コミックス第1巻で明らかになっていた。

第3巻で、クラピカの瞳が初めて緋色に変わる。そのときは、巨漢の相手を横殴りのパンチで一回転させ、拳を当てたまま頭部を床に叩きつけた。相手の体重を120kgと仮定して計算してみると、体重59kgのクラピカは、なんと時速900kmのパンチを放ったことになる！　この時点では、クラピカはまだ念能力を身につけていなかったから、眼が緋色になるだけでもかなり強くなるようだ。

〝絶対時間〟が初めて使われたのは、コミックス第9巻、幻影旅団で体力最強のウボォーギンと戦ったときだった。クラピカは具現化系の技〝束縛する中指の鎖《チェーンジェイル》〟でウボォーギンの動きを封じ、同時に強化系の防御力で相手の攻撃に耐えた。ウボォーギン、は「こいつ…!!　強化系と具現化系の両方の能力を最大限まで極めてやがるのか!?　あり得ねェぞ!!」と驚くが、クラピカは一瞬うつむいて「『今の私』は特質系だ」と不可解なことを言う。

そして顔を上げると、その瞳は緋色に変わっていた！　クラピカは「緋の眼が発現した時のみ特質系に変わる」「特質系《いま》の私の能力《ちから》『どの系統の能力《ちから》も100％引き出せる』」と冷静に告げる。そしてコマには「絶対時間《エンペラータイム》!!」の文字。クラピカは、念能力でも体力でもウボォーギンを圧倒した。

ところがウボォーギンを倒した直後、「少し……長く変わりすぎたか」と意味深なことを言ったのである。この言葉の意味はいったい……!?

あまりに凄絶なリスク！

強い念を使うには〝制約〟と〝誓約〟というリスクが必要だった。自らに制約を課し、「それを遵守する」と誓約する。制約が厳しいほど、技の威力は増大する。たとえば前述の〝束縛する中指の鎖〟の場合、クラピカは「幻影旅団以外の相手を鎖で攻撃すると自分が死ぬ」という制約を自らに課していた。幻影旅団に復讐するためとはいえ、恐ろしい覚悟を決めたものである。

そんなクラピカは、コミックス第14巻以降、表舞台から姿を消す。重すぎるリスクを背負いながらも、がんばっているんだろうなあ……と思っていたら、第33巻で再登場した。

そして第35巻、クラピカは敵方の念能力で〝絶対時間〟が強制的に続く事態に陥ってしまう。解除できるチャンスは1週間後にしか来ない。ここでクラピカは奇妙なことを口にする。

「1時間で150日…24時間で10年…1週間で…現実的ではないな……」

そして、次のページで衝撃のナレーション！

「〝絶対時間《エンペラータイム》の制約《ルール》〟発動時一秒につき一時間!!　寿命が縮む…!!」

なんと〝絶対時間〟を1秒発動すると、寿命が1時間縮む！　前掲の「少し……長く変わりすぎたか」という意味深発言には、そんな真意があったのか!?

しかし、1秒で1時間はコワすぎる。1時間＝60分＝3600秒だから、3600倍のスピードで死が迫ってくるわけだ。全系統の能力を発揮できる〝絶対時間〟を使うために、クラピカはあまりにもキビシイ制約を課していた……！

クラピカの今後はどうなる？

これを書いている時点で、コミックスは第37巻までしか出ておらず、クラピカのその後についても大きな進展はない。したがって、ここはもう推理するしかないのだが、

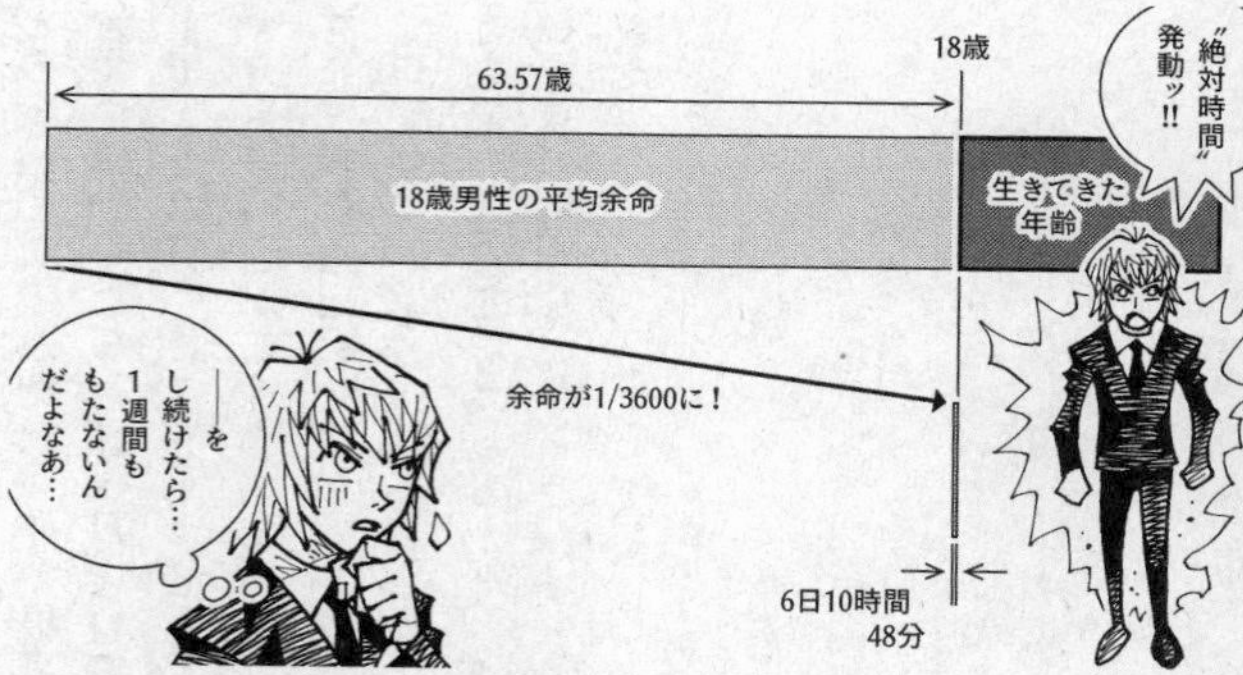

［図1］まさに命を削るワザ。効いてくれんと困る

クラピカはいったいどうなってしまうのだろうか？

コミックス第35巻が発売された2018年、18歳男性の平均余命は63・57歳だった。ここから、クラピカもあと63・57年生きるはずだったとしよう。〝絶対時間〟を発動すると、その時間の3600倍だけ死期が早まるから、発動し続けた場合、63・57年の「3600分の1」で寿命が尽きる。

計算してみると、それは6日と10時間と48分後！　なんとなんと、1週間にも満たない時間！　前掲のセリフで、クラピカが「1週間で…現実的ではないな……」と、それ以上具体的な計算をしなかったのも当然である**【図1】**。

問題は、「〝絶対時間〟が強制的に続く事態」が解除されたとしても、今後の幻影旅団との戦いで、どれだけ〝絶対時間〟を使うのか、ということだ。仮に1日に1回、30分ずつ発動したら、10ヵ月と11日ほどで寿命が尽きてしまう！　いや、すでにウボォーギンとの戦いでも発動させてしまったし、ひょっとしたら、姿を見せなかったコミックスの14巻から32巻までのあいだでも使っているかもしれない。それによってはますます短いことに……。うわあああっ。

心配だ。あまりに心配だ。ぜひとも冨樫先生には『HUNTER×HUNTER』の続きを描いてほしいが、しかし、どんどん話が進んで、どんどん〝絶対時間〟を使ってしまうのも悲しい。どうかゆっくりと、でも必ずやクラピカのその後を描いていただきたい。

『ゲゲゲの鬼太郎』の目玉おやじは、なぜ目玉だけで生きていけるの？

息の長い作品ですなあ、『ゲゲゲの鬼太郎』。１９５４年に『墓場の鬼太郎』という紙芝居として誕生し、その後「貸本マンガ」として何作も描かれ、「週刊少年マガジン」に初掲載されたのが65年。このときもタイトルは『墓場の鬼太郎』だったが、それではテレビアニメ化や商品化が難しいというので、『ゲゲゲの鬼太郎』に変更し、67年にはテレビアニメが放送された。以降、マンガはさまざまな雑誌で断続的に連載され（大人向けの実話雑誌に載ったことさえある！）、繰り返しテレビアニメ化され（本稿執筆時点で、なんと6回！）、いまやあらゆる世代が知る不動のコンテンツとなっている。

そして、２０２３年の秋には映画『鬼太郎誕生 ゲゲゲの謎』が公開された。紙芝居の頃からほぼ70年を経て、誕生の話が映画化！ 本当に根強い人気があるのである。

映画は大幅な脚色がなされているが、ベースとなるマンガは「鬼太郎の誕生」というもので、その名のとおり鬼太郎が誕生する話だが、同時に目玉おやじの誕生譚《たんじょうたん》でもあった。鬼太郎の父親である目玉おやじは、『ゲゲゲの鬼太郎』のなかでも印象深いキャラクターだが、彼も最初からあの姿だったわけではない。鬼太郎の両親は、われわれ人間や鬼太郎と同じような肉体を持っていたのだ。

同作によると、両親は幽霊族の最後の生き残りだった。だが2人とも、鬼太郎が生まれる直前に病気で死んでしまう。母の死後、墓の下で生まれた赤ん坊は自力で地上に這《は》い出す。一方、父親の死体からは、片方の目玉がよみがえり、小さな体が生えて、そのおなじみの姿となった。目玉おやじは墓場に行き、赤ん坊を「鬼太郎」と呼んで、その成長を見守ることとなる。「見守る」ために、目玉だけがよみがえったのだろう。

しかし、口も鼻もない目玉だけの頭となって生きていけるのか？　鬼太郎を心配してよみがえった目玉おやじだが、科学的には、お父上の命のほうがよっぽど心配だ。

日常生活が死と隣り合わせ！

目玉おやじの身長は9・9㎝だという。見た目にも鬼太郎の頭部の半分ほどだから、ナットクだ。目玉の直径と、首から下が同程度だから、どちらも5㎝ほどだろう。

しかし、これはアンバランスではないだろうか。われわれ人間の眼球の直径は、平均2・4㎝。目玉おやじの目玉が5㎝なら、人間の眼球の2倍も大きい。その一方で、首から下は人間の30分の1しかない。それぞれの重さを計算すると、目玉は65ｇ、首から下はたったの2・3ｇ。頭（というか目玉）の重さが体の28倍なのである。

この組み合わせを人間に置き換えると、首から下は50㎏なのに、頭部が1・4ｔある人、ということになる。1・4ｔというのは大型の乗用車の重さだから、頭がそんなに重かったら、立っているのもままならず、歩けばすぐに転んで床に頭をぶつける

[図1] とうさん、大丈夫ですかっ!?

だろう。目玉おやじの場合、床にぶつけるのは、目！　まぶたもないから猛烈に痛い！

また、目玉おやじは茶碗にお湯を入れてお風呂としていた。考えてみれば、この行為も実に危険だ。目玉おやじは首から下だけをお湯に沈めていた。すると、体はお湯の浮力で浮かぼうとするのに、目玉の重さはそのまま体にかかるから、お椀の中でぐるんと逆回転！　そのまま溺れてしまうのではないか。憩いの入浴タイムも、目玉おやじにとって命がけの時間なのだ**[図1]**。

心配なのはそれだけではない。あの人、そもそも頭全体が目玉なのだから、口も鼻もないと考えるべきだろう。するとご飯が食べられなくて餓死、いやその前に息ができなくて、窒息死したりしないのか。

自然界に学べば、意外に大丈夫かもしれな

い。たとえばカエルは肺でも呼吸するが、実は皮膚で肺の2倍の呼吸をしている。皮膚のすぐ下を毛細血管が通っていて、皮膚の粘膜を通じて酸素と二酸化炭素を交換するのだ。

また、人間の肺も「肺胞《はいほう》」という小さな袋に分かれていて、肺胞の粘膜を通じて酸素と二酸化炭素を交換している。目玉おやじの目玉の表面が、カエルの皮膚や肺胞と同じ構造なら、目で呼吸することも可能だろう。

同じように、養分の摂取もクリアできそうだ。人間は小腸の粘膜から養分を吸収している。目玉おやじの場合は、あの小さな体の表面が小腸の粘膜と同じ構造なら、栄養たっぷりのスープに浸かるだけで栄養補給ができる。茶碗のお風呂にスープを入れて、入浴タイム＝食事の時間にすることも可能なのだ。

とても寝てはいられない！

体の構造によっては、どうやら目玉おやじも生きていけそうだ。だが、健康に暮らせるかどうかとなると、ちょっと不安が漂う。

第1の要因は、やはり目が大きすぎることだ。前述したように、目玉おやじの眼球の直径は人間の2倍もある。直径が2倍なら、瞳の面積は4倍あることになる。すると、目に入ってくる光の量は4倍。目玉おやじにとって、太陽の光は人間の4倍もま

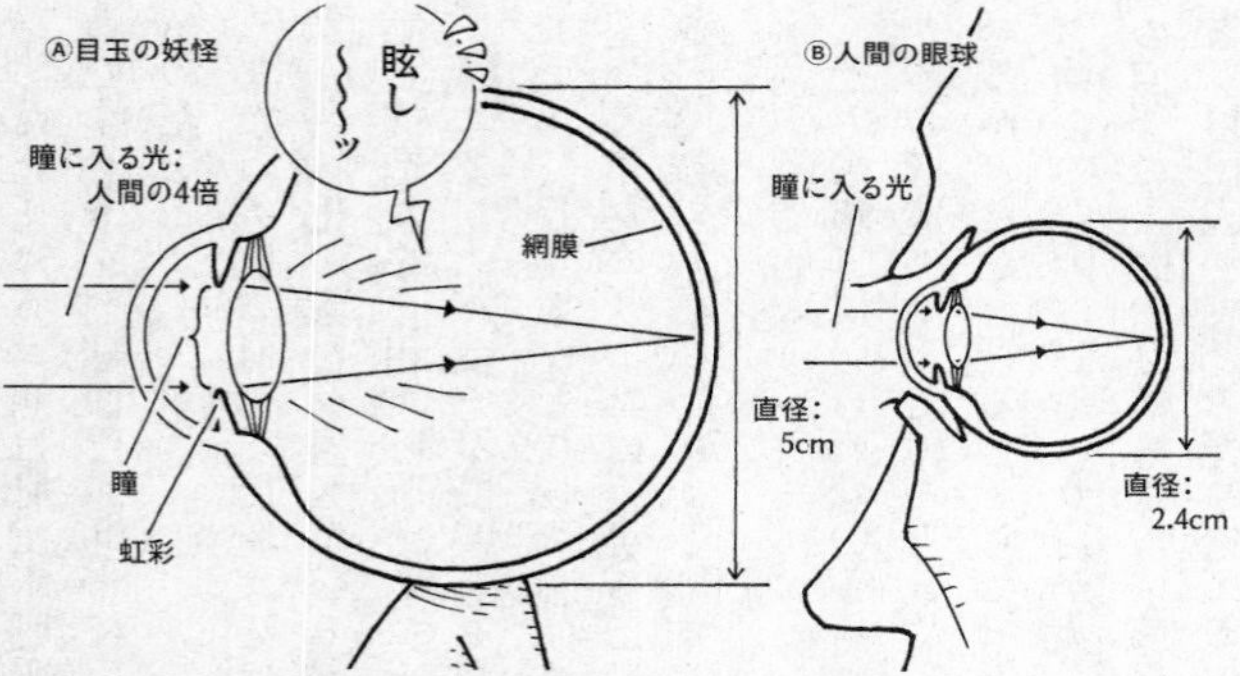

[図2] 目玉妖怪は、人間の4倍もまぶしく感じる

ぶしいはずなのだ【図2】。

アニメの主題歌によれば、妖怪たちは夜中に墓場で運動会をしているらしいが、太陽光線がまぶしすぎる目玉おやじには、この生活スタイルが向いているわけだ。

そして第2の要因は、まぶたがないこと。鬼太郎や目玉おやじは「朝は寝床でグーグーグー」と寝ているようだが、まぶたがなかったらこんなことはできない。人間の場合は、朝の光がまぶたで和らげられて目に入ってくると、その優しい刺激で脳が目覚める。ところが、まぶたのない目玉おやじの目には、朝日が直接差し込んできてしまう。これでは、脳が無理やり叩き起こされることになる。

などなど、目玉おやじが心配になってしまうが、何十年も活躍してきたキャラだから、自己管理にヌカリはないのだろうなあ。

『【推しの子】』のアクアやルビーの瞳は、星形に光っている。なぜだろうか？

目の描き方は、マンガにおいてきわめて重要だ。全体的な傾向として、主人公や重要人物であるほど、目は大きく、キラキラと輝く。黒目のなかに、ハイライト（白い部分）がどれくらいあるかによって、キャラの印象は大きく変わり、個性や魅力にもつながる。

そんなマンガ表現の基本を再認識させてくれたのが『【推しの子】』である。アイドル・星野《ほしの》アイの両目には、星形の光が輝いている！　彼女の血を引く双子の目には、片方ずつ星形が輝く！　それが消えることもある！　黒い星になることもある！　モーレツに繊細な目の表現だ。

話題作『【推しの子】』について、本稿ではその印象的な「目の星」からアプローチしてみたい。

あまりにも濃厚な物語

物語の設定をざっと整理しておこう。

九州の病院で産婦人科医として働くゴローは、アイドル・星野アイの熱烈なファンだった。きっかけは研修医時代、入院していた12歳の天童寺《てんどうじ》さりなが、同い年のアイを懸命に応援していたことだ。その後さりなは亡くなり、ゴローはその志を継ぐように、アイ推しになった。

そして4年後、ゴローのもとに、なんとアイが受診にきた！　妊娠していて、お腹の子どもは20週の双子！　驚くゴローに、アイは「母親としての幸せも、アイドルとしての幸せもほしい」と、ゴローの病院で秘密裏に出産する決意を告げる。

ところが出産予定の日、ゴローはアイのストーカーに突然刺されてしまう！　朦朧《もうろう》とした意識のなかで「約束したからな　元気な子供　産ませるって…」と思っているうちに、気がついたらアイの子どもの一人（男児）に生まれ変わっていた！　名前は愛久愛海《あくあまりん》。

さらに、双子のもう一人（女児）・瑠美衣《るびい》は、さりなの生まれ変わりだった。アイを推していた2人が、アイの子どもとして、再びこの世に生を受けたのだ。

これだけでもビックリだが、もっと衝撃的なことが！　アクアとルビーが幼稚園のとき、ストーカーがアイのマンションにやってきて、彼女を刺殺する！

もうあまりにもオドロキの連続だ。ゴローとさりなの「推しの子」としての幸福な日々は、こうして突然終わった。アイは伝説のアイドルとなり、ルビーはアイのようなアイドルになることを志す。一方アクアは、アイを死に追いやった黒幕がいるのでは……という疑いを抱き、復讐のために芸能界で生きることを決意する。

目が星形に輝く人たち

この濃厚な第一幕を経て、アクアとルビーの芸能界での活躍と暗躍が始まる。さまざまな人と出会い、いろいろな体験をするなかで、目の輝きが星形になったり、黒になったりするのである。

いま出ているマンガを全巻（これを書いている時点で第12巻まで）読んだ限り、瞳が星形だったり、ときどきそうなったりする登場人物は5人である。

まず、星野アイ。この人の両目は、ほとんどいつも星形に輝いている。「アイドルは偶像だよ？　嘘という魔法で輝く生き物　嘘はとびっきりの愛なんだよ？」といった強い意思のこもったセリフを言うときには、ひときわ明るく輝く。その形は、6つの頂点を持つ「六芒星《ろくぼうせい》」だ。

アイの子ども2人は、星形の輝きを片方ずつ受け継いでいる。ルビーは左目、アクアは右目に。ただし、物語が進むと2人の目は変化を見せる。

また、黒川《くろかわ》あかねは、天才俳優。「徹底した役作り、与えられた役への深い考察と洞察、それらを完璧に演じきる天性のセンス」を備えている。このあかねが、資料を集めて分析し、アイを演じたところ、両目の瞳に星が宿った！　その場にいた全員が注目し、アクアはうろたえ、映像を見たルビーは思わず「ママ」とつぶやいた。ナレーションによれば「まるでアイのようなカリスマ性　それが彼女にもあった」。

そして5人目は、カミキヒカル。物語の根幹にかかわる重要人物と思われるのだが、コミックス第12巻までの段階ではまだナゾが多い。ここで深入りするわけにもいかず、残念……。

こういった5人のなかで、とっても気になるのが、アクアとルビーの目の星の変化である。とくにアクアの目の星は、第1巻のラストで、劇的に変化した。

アイが殺され、犯人のストーカーが自死した後、アクアは「アイがいない世界に生きていても仕方がない」と考えかけるが、思い直す。アイの出産やマンションの場所がバレたりしたのは、犯人へ情報を提供した者がいるからではないか。消去法で考えると、それは「僕等の父親」。そして、決意する。「俺はまだ死んでられない」。ここでアクアの右目の星が、黒に暗転！

第2巻では、アクアの目は激しく変転する。白い輝きが黒に変わるのは、決まって復讐につながる言動をするときだ。この巻だけで10回も！　一方、ルビーの目の星は、この間いつも真っ白。アイと同じ道を真っすぐに目指す、さりなの思いが表れているのだろうか。

ところが物語が進み、復讐が叶わないと感じたアクアが「普通に生きてもいいのかな」と考えたとき、目の星が消えた！　一方、ルビーは衝撃的な事実を目の当《ま》たりにし、「ゴローとアイを殺した犯人を絶対に殺す」と決意すると、なんと両目の瞳が真っ黒になった!

いったいどういうことだろうか。愛を振りまくとき、星は白く輝くが、憎しみが大きくなると、漆黒の闇に変わる……ということだろうか。

「瞳が星形」はあり得るか?

この問題を科学的に考えるとどうなるか?

「つぶらな瞳」という言葉がある。「黒目が大きい」というイメージで使われたりするが、正確には「瞳」は光を目に取り込む穴のことだ(瞳孔《どうこう》ともいう)。この穴を囲む部分は「虹彩《こうさい》」といい、目の色の違いは、虹彩の色の違いだ。虹彩には、瞳を小さくする瞳孔括約筋《かつやく》と、瞳を広げる瞳孔散大筋がついていて、その収縮で目に入る光の量を調節している。人間など多くの動物の瞳が丸いのは、瞳孔括約筋がドーナツ形で、瞳孔散大筋が放射状についているからだ。

ネコやキツネなど夜行性の食肉目の瞳は、上下に長いレンズの形をしている。これは瞳孔括約筋がその形をしていて、瞳孔散大筋が左右に平行についているからだ。これで明け方など周囲の明るさが短時間に変わるときに、目に入る光の量を素早く調節する。

ウシやヤギなどのクジラ偶蹄目《ぐうていもく》や、トカゲやワニなどの爬虫類《はちゅうるい》には、瞳が横長の楕

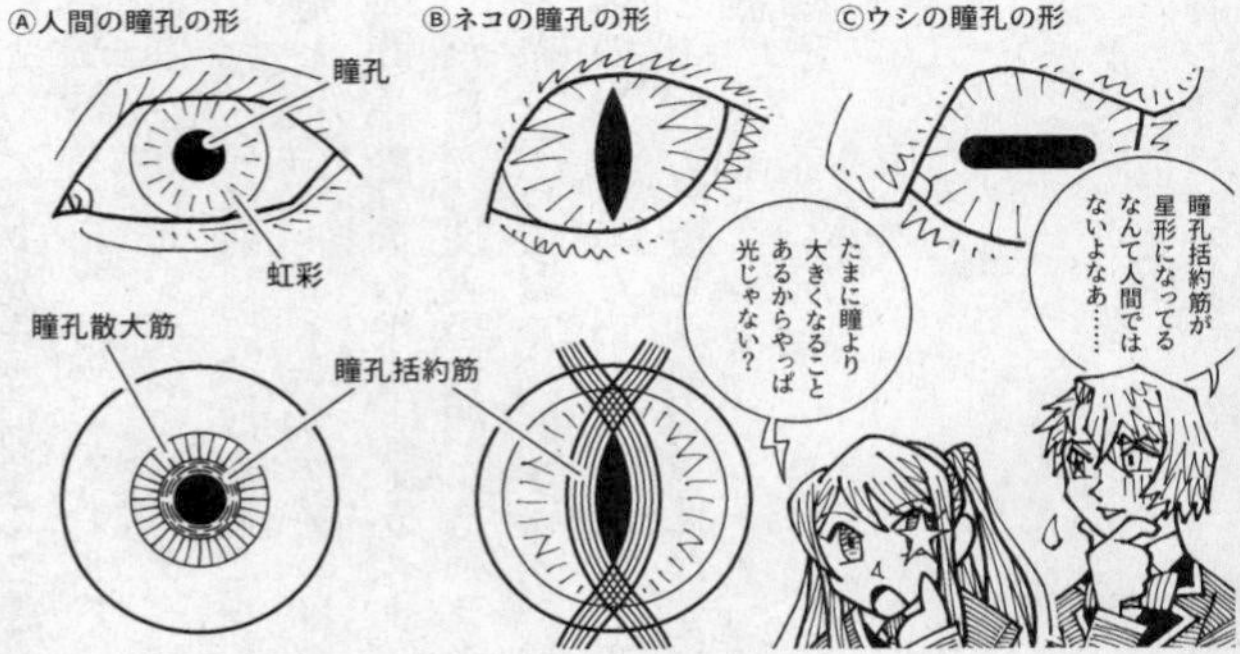

[図1] 瞳の形は、ヒト、ネコ、ウシそれぞれ違う

円形になったものがいる。これも瞳孔括約筋がその形をしていて、瞳孔散大筋が上下に平行についているためで、広い範囲を見るのに適している【図1】。

こういったことから考えると、瞳孔括約筋などのつき方によっては、瞳のカタチが星形になることもある……かなあ？　すごく考えづらそうだけど、モノスゴクひょっとしたらあるかもしれません（でも、たぶんない）。

そしてそれよりもナットクなのは、アクアやルビーのように、その瞳が黒くなることだ。というか、瞳は光が通る穴なので、人種にかかわらず真っ黒なのである。すると、憎しみが深くなくても瞳は真っ黒！

ムズカシイのは、星のカタチに白く光ることである。前述したように、瞳は穴なので、自ら光を放つことはない。愛を振りまいたからといって、光を発射することもない。

　だが、まわりの光を反射することはある。ネコやキツネザルなど夜行性の動物は、網膜の裏に光を反射する「タペタム」という組織を持っている。これで、網膜を通過した光を反射して再び網膜に当てて、もともと弱い光を往復2回利用しているのだ。だとしたら、アイやアクアの目にタペタムがあれば……という話になるが、う～ん、人間にはないのではないかなあ。

　ただし、現実の人間にもキラキラと輝く美しい目を持つ人がいる。あれはタペタムを持つからでなく、好きな人や物を見つめたり、何かに集中したりすると瞳が拡大し、瞳の表面に当たった光が反射している場合だ。それと同じように、アイもアクアもルビーも、気持ちが前向きになったときに、目が光を放っていたのだろうと思います。

『すみっコぐらし』のすみっコたちのネガティブな性格について考える。

『すみっコぐらし』は、2012年からサンエックスが展開しているキャラクター・コンテンツで、サブタイトルは「ここがおちつくんです」。

わははは、わかるわかる。筆者も「部屋は隅に限る」が持論で、居酒屋でどん詰まりの隅の席に案内されたりすると、それだけでもうヒジョ〜に落ち着きます。

きっと筆者のような人が多いのだろう、『すみっコぐらし』の文房具やぬいぐるみなどの商品はずっと大人気で、2019年には劇場アニメ『映画すみっコぐらし　とびだす絵本とひみつのコ』が公開されて、これが動員120万人のスマッシュヒットになった。さらに、21年公開の第2弾『青い月夜のまほうのコ』は、なんと2週連続で観客動員数1位を獲得、初め184館だった上映館が、その後100館以上増えた。そして、23年の11月には第3弾『ツギハギ工場のふしぎなコ』も公開され、これも大ヒット……、あ。いや、この原稿は封切り前に書いているので、成績はまだわからないんだけど、大人も泣けそうな内容だから、またヒットするのではないだろうか。1作目からナレーションをやってる井ノ原快彦さんと本上まなみさんもスバラシイし。

映画は読者の皆さんにぜひ観に行っていただくとして（筆者も必ず行きます）、ここでは『すみっコぐらし』のメインキャラクターたちについて考えてみよう。彼らは、すごく恥ずかしがりだったり、自分の正体がわからなかったり……など、ちょっとネガティブなのだが、みんな実にユニークである。たとえば……、

「しろくま」は、寒がりで冬が苦手で、北から逃げてきたという！

「ねこ」は、恥ずかしがりやで気が弱く、大好きなすみっこさえ譲ってしまう！

「ぺんぎん？」は、自分がペンギンかどうか、自信を持てない！

「とんかつ」は、トンカツの端っこ。食べ残されたことがトラウマになっている！

「とかげ」は、実は恐竜の生き残り。つかまらないよう、トカゲのふりをしている！

わはははは。まことにオモシロイ。それぞれが抱えている事情はビミョ～に変だけど、でもなんだかとってもわかる気がする……！

切ない境遇を分かち合う

すみっコたちについて印象深いのは、似た境遇のキャラ同士、仲がいいことだ。たとえば「とんかつ」は、「えびふらいのしっぽ」や「たぴおか」と仲がいい。トンカツの端は脂身が多く、エビフライの尻尾は硬い。どちらも食べ残されることが多いのはわかるが、なぜタピオカ？と思ったら「ミルクティだけさきにのまれて、すいにくいからのこされてしまった」らしい。なるほど、切ない立場がよく似ている！

本当は恐竜なのに、トカゲのふりをしている「とかげ」は、「にせつむり」と仲よ

しだ。この「にせつむり」というのは、カタツムリの殻をかぶって、カタツムリのふりをしているナメクジ。本来の自分を隠して生きる点が2人の絆になっている。

科学的に考えれば、「にせつむり」の生きざまはなかなかすごい。ナメクジはカタツムリから進化した生き物だから、彼／彼女（ナメクジは雌雄同体）がカタツムリのふりをするのは、人間がサルのふりをして生きるようなものなのだ。「にせつむり」のカタツムリへの憧れはただごとではない。

では、「とかげ」についても考えてみよう。その正体はどんな恐竜なのか。

マンガ『すみっコぐらし　このままでいいんです』に、こんなお話がある。ある日「すみっコ新聞」の一面に「すみっ湖《こ》にスミッシーあらわる⁉」という記事が載る。「おかあさん…⁉」と直感した「とかげ」は、他のすみっコといっしょに会いにいく。スミッシーは確かにお母さんで、普段は海で暮らしているが、「とかげ」を捜して地下の水路を通り、すみっ湖に来ていたのだ。「とかげ」は、自分の正体を知られないように、母親のことを「むかし遊んだことがある」と紹介して、こっそり甘える……ああ、泣ける話ではないですか。

恐竜と同じ時代、海に棲《す》んでいた大型爬虫類《はちゅうるい》に、魚竜と首長竜がいる。お母さんの姿と暮らし方から考えて、彼女は首長竜だろう。首長竜は恐竜ではないので、その場合「とかげ」は首長竜の生き残りということになるが、爬虫類の進化を調べると、面

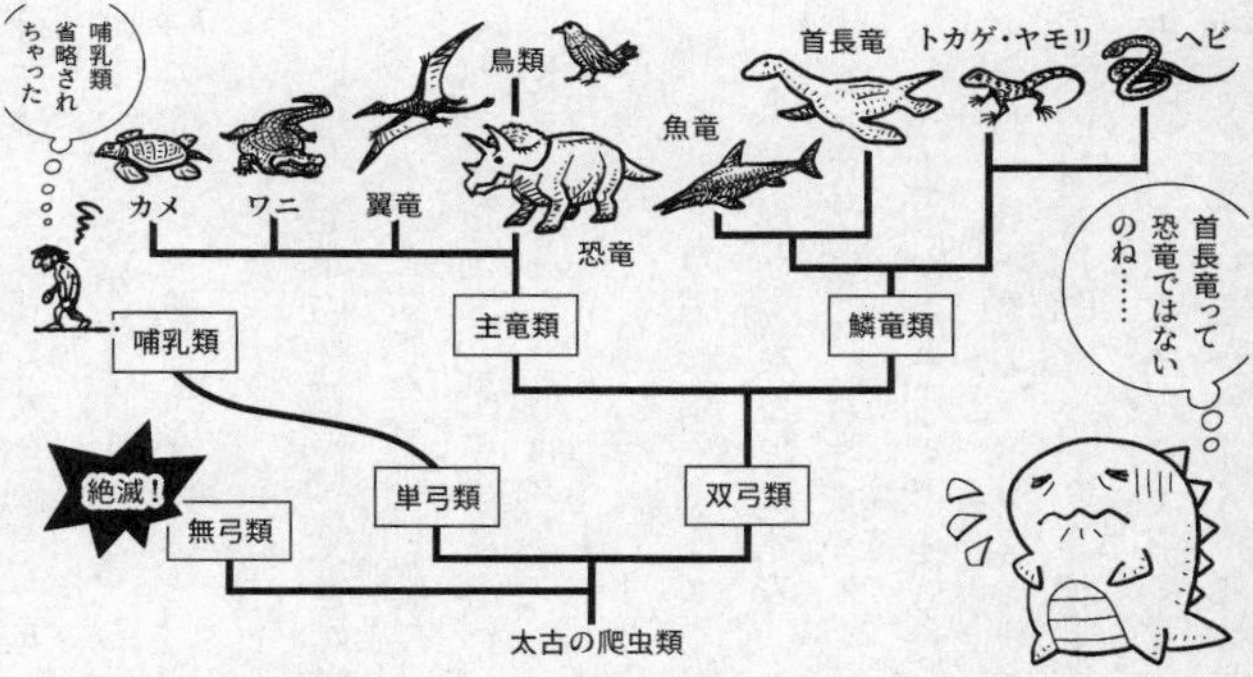

[図1] 爬虫類の進化の道筋（詳細は諸説あります）

白いことがわかりました。

太古の爬虫類は「無弓類《むきゅうるい》」「単弓類」「双弓類」に分かれていた。無弓類は絶滅し、単弓類はわれら哺乳類に進化した。双弓類はさらに「主竜類」と「鱗竜類《りんりゅうるい》」に分かれ、主竜類は恐竜、翼竜、カメ、ワニ、鳥類に進化した。そして鱗竜類は魚竜、首長竜、ヘビ、トカゲ、ヤモリに進化したのである。

つまり、トカゲと首長竜はかなり近い生物。「とかげ」の正体が首長竜なら、トカゲのふりをするのはわりと自然なことなのだ！　ふりの仕方にとっても納得**【図1】**！

体の大きさが揃っている！

筆者がすみっコたちを見ていて「なぜ？」と思うのは、彼らの体の大きさだ。「しろくま」「ぺんぎん？」「とんかつ」「ねこ」「とかげ」は、ほぼ同じ大きさ。一方、「ふろしき」「えびふらいのしっぽ」「たぴおか」「すずめ」「ほこり」などは「みにっコ」と呼ばれるキャラたちで、「しろくま」たちの半分の大きさで統一されている。

冷静に考えると、これは驚くべきことではないだろうか。「しろくま」たち5人について、通常の体長を、大きなほうから順に並べると、次のとおり。

シロクマ（生物学での呼称はホッキョクグマ）……1・8～2・5m

ペンギン……40㎝～1・3m

ネコ……最大で75㎝

トカゲ……15～27㎝（ニホントカゲの場合。尾を含む）

トンカツの切れ端……5㎝くらいかなあ

だいぶ違う。なのに『すみっコぐらし』の世界では、彼らがピッタリ同じ大きさ！すごい世界観に、筆者はアタマがクラクラします。

しかも、かなり小さいようだ。「ぺんぎん？」を除く4人が電車のシートの隅っこに4段に積み重なっているシーンでは、それで背もたれと同じ高さだった。すると、各人は身長10㎝くらい？　でも、まめマスターの「喫茶すみっコ」では、みんな普通にカウンターに座っている。このときは70㎝ほどあるようにも見えるが、するとトンカツがデカいな。うーん、このあたりのナゾは、筆者には解明できません……。

大きさ問題はいまいちハッキリしないが、科学的に一つだけわかることがある。それは「しろくま」が寒がりな理由だ。

同じクマの仲間でも、寒い地方に棲むものは、暖かい地方に棲むものより体が大きい。東南アジアに棲むマレーグマは、体長1・1〜1・4m。日本の本州に棲むツキノワグマは1・2〜1・8m。北海道に棲むヒグマは1・6〜2・3m。北極圏に棲むホッキョクグマ（シロクマ）は、前述のように1・8〜2・5m。これは、体が大きいほうが、体重に比べて体の表面積が小さくなる（体長が2倍なら、体重は2×2×2＝8倍、表面積は2×2＝4倍）ため、体から熱が逃げにくくなって、寒い地方で暮らすのに有利だからだ。

なのに、大きくても70cm、ヘタをすると10cmしかないボクらの「しろくま」。こんなに小さかったら、寒がりで当然だー。

尊敬に値する脂肪だ！

その他のキャラたちも、とても切なくて、とてもオモシロイ。

「とんかつ」の成分は「おにく1％、しぼう99％」だというけど、確かにこれは脂身が多い。文部科学省の『五訂増補日本食品標準成分表』によれば、豚ロースの生の脂身でさえ、「おにく（タンパク質）5・1％、しぼう（脂質）78・3％」なのだ。揚げてトンカツにすると、脂肪が溶けて抜けると思われるが、それでもなお99%というのは、もはや尊敬に値する脂肪の多さである。堂々と胸を張っていただきたい！

「ぺんぎん？」は、自分がペンギンだと自信が持てないようだが、昔は頭に皿があったような記憶があるし、好物はキュウリだし、どう考えてもカッパだよね。もちろん、ペンギンでもカッパでも「ぺんぎん？」が「ぺんぎん？」であることに変わりはないと思うのだが……。

あと「すずめ」と仲よくしたいために、夜行性なのに無理して起きてる「ふくろう」とか、面白いものが大好きなのに、怖がられないように静かにしてる「おばけ」とか、自分のアイデンティティと向き合いながら健気《けなげ》に暮らす姿勢が実にいい。

また、珍しくポジティブな性格のキャラもいて、それは「ざっそう」と「ほこり」。前者はいつか花屋でブーケにしてもらう夢を抱き、後者は合体したり分裂したりと大活躍。すみっコ仲間のなかでももっともマイナーともいえる2人がポジティブなんて、本当に楽しいですなあ、『すみっコぐらし』。早く映画を観たい。

回転するチェンソーが体から出現！
『チェンソーマン』デンジはどんな体？

チェンソーマン。日本語でいうと「鎖鋸男《くさりのこ》」。主人公・デンジが胸のスターターロープを引くと、額と左右の腕からチェンソーが出現して、見るからにデンジャラスなチェンソーマンになる。それで悪魔や魔人（悪魔が人間と合体したもの）をバンバン切り刻んでいくのだから、『チェンソーマン』というタイトルに偽りナシ。いやもう、インパクト抜群の作品である。

彼がそんな姿になったのには、理由がある。デンジは「チェンソーの悪魔」のポチタを、まるでペットのようにかわいがって暮らしていたが、親の作った借金がまだ3804万円もあって、生活はひどく貧しかった。

あるとき、デビルハンターとして「トマトの悪魔」を倒し、報酬40万円を得る。だが、借金と利子、仲介手数料を差し引かれ、水道代などを払うと、手元に残ったのはわずか1800円。デンジはポチタに「この間 聞いたんだけどさ 普通 食パンにゃジャム塗って食うらしいぜ」と言いながら、パンだけを食べる。

彼は「普通の生活」を夢見て、それをポチタに語り、ポチタは嬉しそうに話を聞く。それが2人の穏やかな毎日だった。

ところが、話は一気に展開する。普通の生活の夢が叶う前に、彼らは「ゾンビの悪魔」によって殺されてしまったのだ！　デンジもポチタも、バラバラにされて、ゴミ箱に捨てられる……！

ゴミ箱のなかで、悪魔であるポチタは、滴り落ちてきたデンジの血を飲んで復活した。そしてデンジに「悪魔の契約」を提案する。それは「ポチタはデンジの心臓になる。デンジはポチタに夢を見せる」というもので、これによってデンジは、チェンソーマンとしてよみがえることとなった。

それでも心はデンジのままで、公安のデビルハンター・マキマの部下となり、それによって食パンにジャムを塗れるようになった暮らしを心から喜んでいる。彼の仕事のモチベーションは「マキマさんの胸を揉みたい」「キスしたい」「デートしたい」などで、「そんなコトのために命を張るの!?」と思ってしまうが、そういったコトこそが、かつてポチタに語り続けたデンジの夢だったのだ。

そして、そんなデンジが、悪魔や魔人を相手にすると、「ギャアーハッハハア!!」とバカ笑いしながらチェンソーを振り回して凄惨な戦いを繰り広げていく。ポチタと暮らした日々をいつまでも想い続ける繊細なデンジが、恐怖心というネジの外れた魔人となる。

個性あふれるこのキャラの体はいったいどういうことになっているのだろうか。科学的にもヒジョ～に気になるので、本稿で考えてみよう。

チェンソーの動力は何か？

チェンソーマンとなったデンジの姿は、まことに異様だ。
額から突き出したチェンソーの長さは50㎝くらいだろうか。両手のチェンソーは、肘から先に埋め込まれ、その先端は手のひらの先を越え、全長70～80㎝ほどもある。モーレツに不気味という他はない。

現実の世界のチェンソーとは、刃のついたチェーンを回転させて、樹木を切断する機械だ。チェーンは「ガイドバー」と呼ばれる板に沿って回転し、このガイドバーの長さ以下のものが切断できる。一般的なチェンソーの場合、ガイドバーは長さ25～50㎝くらいが多い。なかには1ｍを超える大きな製品もあるが、デンジの両手のチェンソーも、かなり大型ということだ。

また動力は、大型のものはガソリンとオイルの混合燃料エンジン、小型のものは電動モーターを使用する。電源は、内蔵バッテリー、使用者が背負ったバッテリー、庭先などで使うものは家庭用コンセント、とさまざまだ。耐用年数を延ばす秘訣は、きちんとお手入れすることで、カッター部分は専用の棒ヤスリで研ぐ必要がある。お値段は、数万～数十万円。

そういうチェンソーの特性を考えると、デンジに関して気になるのは「動力は何なのか？」ということだ。スターターロープで起動する点から混合燃料エンジンかもしれないが、デンジがそういうものを飲んでいる様子はない。とくに両腕のチェンソーは、ガイドバーとチェーンだけで、動力らしきものが見当《みあ》たらず、まことに不思議である。

額のチェンソーのほうは、根元が頭部に埋め込まれている。その構造から想像すれば、動力は頭のなかにあるのかもしれない。

だとしたら大変だ。動力が何であれ、チェンソーである以上、振動は避けられない。ガイドバー長《ちょう》45㎝のエンジン式チェンソーの仕様書を見ると、「最大出力回転数は毎分9千回＝毎秒150回」とある。

この場合、チェンソー自体も、少なくとも毎秒150回ほど振動することになる。このため、長時間使い続けると、手の血管が収縮し、神経が麻痺して、手指が白くなってしびれる「白蠟病《はくろうびょう》」を発症する可能性があるという。厚生労働省労働基準局通達「チェーンソー取扱い作業指針について」では、1回の連続操作時間は最大で10分までとし、1日の作業時間も原則2時間以内にするよう指導している。

チェンソーが腕と頭部にあるデンジの場合、腕はもちろん脳がモーレツに振動するだろうから、いろいろと悪影響が出ないか心配だ。ぜひとも厚生労働省の通達にしたがって、悪魔との戦いの最中でも10分に1度は休憩を取っていただきたく……って、デンジがそんな戦い方をするわけがありませんな**【図1】**。

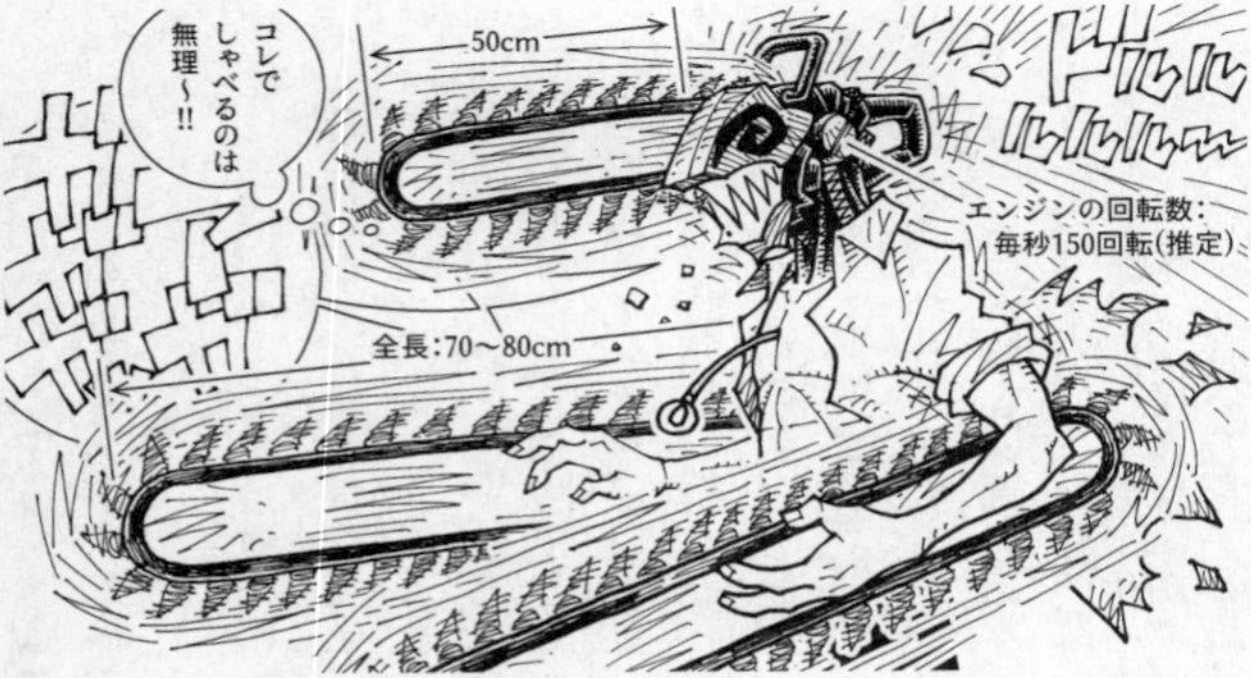

[図1] モーレツにうるさいという問題もある

回復力がすごすぎる！

そういった心配の前に、体からチェンソーが出てくるのが大変なできごとである。ひょっとして、血液に含まれる鉄から作られるのでは……と思ったが、成人男性の体に含まれる鉄は6g。そのうち血液に含まれるのは4gだから、ぜんぜん足りない。チェンソーそのものはポチタの「悪魔の力」で作れたとしても、体内から異物が出てくるのだから、ただごとではないだろう。

デンジとパワー（この人も魔人）の上司・岸辺《きしべ》は、2人に向かって「お前達も 筋肉と骨の仕組みは 俺達と同じだ」と説明した。

また、マキマさんの前で初めてチェンソーマンとして戦った後、デンジは「チェンソーで自分の体も切れちゃって… 血ィ出すぎて貧血なるみたいっす」と言っていた。筋肉と骨の仕組みが人間と同じなのに、体からチェンソーなんぞが出てきたら、当然そうなるだろう。

　また、「コウモリの悪魔」と戦ったとき、出血しすぎたデンジの額からはごく短いチェンソーしか出なかった。どうやら血が足りなくなると、能力を充分に発揮できなくなるようだ。

　人間の場合、血液量は体重の13分の1で、その3分の1を失うと死に至る。体重65kgの人なら、1・7Lの出血でヤバい、ということだ。1・7Lとは、大きなペットボトルの8割ちょっとだが、デンジの戦いっぷりを見ていると、戦いのたびにそのくらいは出血している様子である。

　しかし魔人は、失血で死ぬことはない。それどころか、肉体が大きなダメージを負っても、血を飲めば復活できる。デンジは「刀の悪魔」に、胴体をまっ二つにされてもよみがえっていた。

　科学的には、この「血を飲めば復活できる」というのは驚くべきことで、人間の場合、出血したからといって血を飲んでも、それがそのまま血液として補充されることはない。血液は、血球（赤血球、白血球、血小板）が、血漿《けっしょう》（液体成分）に浮かんでいて、タンパク質でできた血球は、消化されて小腸の壁から吸収され、血漿も水分として大腸の壁から吸収されるからだ。出血した分の血液を取り戻すには、よく食べてよく水分を取り、充分に休息するしかなく、素直にそうした場合でも、赤血球が元の数に戻るのに2〜3週間かかる。

それに比べると、デンジの復活はモーレツに速い。前述の「胴体まっ二つ」事件が起こったのは、デンジたちがお昼ご飯を食べているときだったが、翌朝7時のニュースが流れているときには完全に復活して、リンゴを食べながら「コロコロコミック」を読んでいた。人間は大きなケガをすると、全治に半年もかかることがある。だが、デンジは胴体まっ二つという確実に死ぬような状態から、長くても18時間ほどで復活したわけだ。半年＝4400時間だから、240倍の回復力である。

こんなことができるのは、飲んだ血液をそのまま自分の血液にできるからだろう。どんな血液型だってOKに違いない。それどころか「永遠の悪魔」をチェンソーで切り刻み「テメエが俺に切られて血ィ流して！　俺がテメエの血ィ飲んで回復…！」「永久機関が完成しちまったなアア〜!!」と物騒なことを言っていたから、悪魔の血だって構わないようだ。恐るべし！

あまりにもワイルドだが、それだけに魅力的なヤツである。

『アイドルマスター』では、アイドルの人気が上がると、劇場がグレードアップするが、経営的にはどうなのか⁉

ときどき講演の仕事をやるのだが、こう見えてもワタクシ、１１００人を収容できる会場にお客さまが18人、という経験をしたことがあります。空席１０８２はまことに荒涼としており、数少ないお客さんが１人また１人と眠りに落ちていく様子も、ステージからハッキリ把握できた。悲しかったなあ。だから、テレビ番組などで人気のアイドルたちが「昔はお客さんが入らなくて……」といったエピソードを明かすのを見ると、「よかったなあ。がんばったんだなあ」と胸が熱くなる。

同じような気持ちで応援したくなるのが『アイドルマスター ミリオンライブ！』である。芸能界のサクセスロードを描くこのゲーム、プレイヤーは「７６５《ナムコ》プロダクション」のプロデューサーとなって、３人ユニットのアイドルを育てていく。

このゲームのオモシロイところは、ファンが増えると、コンサートに使う劇場がどんどんグレードアップしていく点だ。テント小屋から始まって、プレハブ小屋に、普通の建物に、２階建てに、３階建てに、大きなアリーナに、ドーム球場に……。

しかも、だんだん規模の大きな劇場を借りていくのではなく、同じ「７６５プロライブ劇場」が進化していくこと。つまり人気が上昇するにつれて、新しい劇場を建て直すらしい！

そんなことをしていたら、いったいどれほど費用がかかるのだろうか。アイドルたちの飛躍を喜びつつも、ここでは劇場進化に伴うおカネの問題を考えてみよう。

始まりはテント小屋

始まりはグレード(以下Gと表記)1「みんなのぶどーかん」である。内部が一辺5mほどのテント小屋なのだが、これにはいったい何人の客が入るのだろう?

完全に筆者の想像だが、テント小屋なのだから、すべて立見席ではないだろうか。消防法では、劇場や映画館の立見席の収容人員は「床面積0・2㎡あたり1人」と定めている。「みんなのぶどーかん」の奥行を前述のように5mと仮定し、そのうち1mがステージ、4mが立見席だと考えると、客席の面積は20㎡。定員は100人になる。おお、結構入るではないですか。

では、これを設営するのには、いくらぐらいかかるのだろう。ネットで調べたところ、「3m×6m」のテントは1泊2日のレンタル料が税別2万4800円だった。この金額を元に、面積に比例して値段が変わるとすれば、5m×5mのテントのレンタル料は3万4千円となる。ということは、チケットが1枚千円でも、満員なら売上が10万円。テント代3万4千円を差し引いても、6万6千円の黒字ということだ。アイドル3人と自分で山分けすれば、1人あたり1万6500円。

続いてG2「プレハブドリーム」。これはプレハブ小屋で、規模はやはり1辺5mほどだ。プレハブになると、「1泊2日」などの短期間では借りられず、解体費用などもかかるから、買ったほうがよさそうだ。これもネットで調べた数値を元に計算すると、一辺5mなら60万4960円である。

これは悩ましい。面積は「みんなのぶどーかん」と同じだから、定員も100人。やはり1枚千円という価格設定では、満席でも売上10万円だから、コンサートを7回やらないと、プレハブ代金60万4960円が回収できない！

しかも、その場合の黒字総額は9万5040円で、4人で分けたら1人あたり2万3760円。7回でこの金額だから1回につき3394円であり、テント時代より減っちゃったじゃないか〜。

人気が出るほど大変になる！

うーむ。劇場の進化は、本当に幸せか？　という雰囲気になってきた。もちろん実際には、グッズ販売など他の収入も増えるはずだが、それに期待して甘いビジョンを抱いていたら、大変なことになるかもしれん。ここはキビシく、会場建設費とコンサート収入というシンプルな収支のまま、計算を続けてみよう。

さて、G3「メルヘンハウス」は、コンビニぐらいの平屋の建物だ。ドアの高さを

2mと仮定すると、敷地は1辺8mの正方形とみられる。建物の建築費は、床面積と工法に応じた目安があり、メルヘンハウスにふさわしい鉄骨コンクリート造は、1坪(畳2枚分=3・306㎡)あたり85万円。ここから計算すると、メルヘンハウスの建築費は1650万円。うむむ、ぐっと高くなりましたな。

これだけの金額を回収するのは、並大抵のことではない。奥行の1・5mがステージだとすると、客席の面積は52㎡。立ち見のほうが客はたくさん入るが、ここは椅子席にしてチケットを高くしよう。そのほうが顧客満足度も高いだろうし、何より儲かるだろう。

消防法を元に計算すると、椅子席の定員は「0・32㎡に1人」が適正のようだ。すると定員は162人。思い切ってチケット1枚を3千円に値上げすると、1回の売上げは48万6千円。しかし、これで建築費を稼ぐには34回もコンサートをやらねばならん。それでも、黒字額は2万4千円。4人で分けたら、1人1回たったの176円でしかありません。むえーっ、ますます不安になってきた。

G4「ミリオンビジョン」は2階建て。正面に縦6m×横9mほどのLEDビジョンが設置されるなど、だいぶ立派になってきた。推定床面積は280㎡もあり、建築費用も7220万円と高いが、予想外に高いのはLEDビジョン。この大きさだと3460万円もかかりそうだ。つまり合計1億680万円。客席は720席と大幅に増えたけど、1枚3千円なら1回の売り上げは216万円。劇場建設費を上回るには、コンサート50回が必要だあ！

G5「エクステンドシアター」は、「ミリオンビジョン」の横幅を1・8倍に広げた感じだ。建築費用は1億3千万円で、客席は1296席。LEDビジョンを買い直したとしても、コンサートを44回開けば建設費が回収できます。客席が増えたおかげで、初めて前の劇場よりも楽になった。やった！　と喜んでる場合なのか。働き過ぎて、感覚がマヒしてきてる気がする……。

その後も、G6「カラフルネオンボックス」、G7「アドバンスドビジョン」と劇場は少しずつ大きくなるが、G8「クリスタルドリーム」で大型化の勢いがハネ上がる。いきなり規模感もつかめないほどの巨大アリーナになるのだ。横浜アリーナと同じだとすれば、建設費160億円、収容人員1万7千人。このくらいの会場になると、チケットが1万円でもお客は来るのでは？　よし、思い切って値上げしよう。しかし、それで会場を埋め尽くすお客さんが来たとしても、この巨額な建設費を回収するために必要なコンサートは95回！

こうして、劇場というものの重要な性質が見えてくる。収容人員が多いほど儲かるのは真実だが、それは「多くのアーティストが使う」という前提あってこそ。自分たちしか使わない劇場を大きくし過ぎると、建設費を回収するのがかなり大変だ**【図1】**。

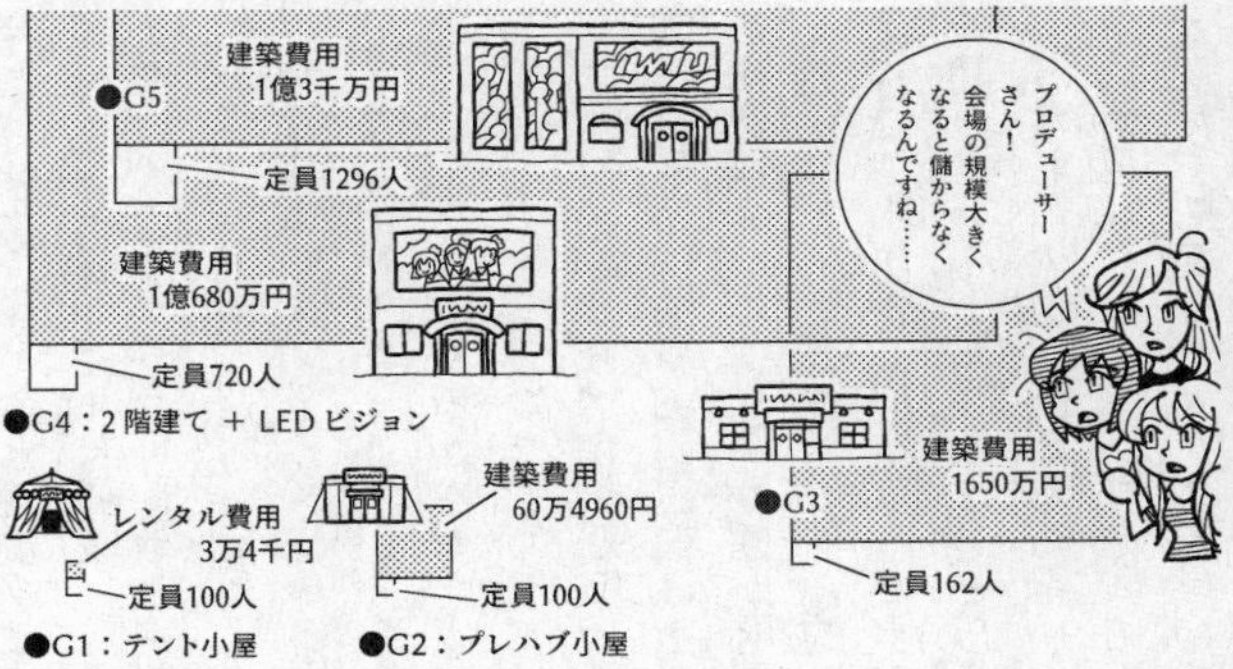

[図1] 劇場の規模が大きくなるほど、元を取るのは大変になる

空へ！　海へ！　宇宙へ！

だが765プロダクションは、まったく懲りる様子がない。G9「ミリオンパレス」は、クリスタルドリームに15階建てぐらいのビルを追加し、G10「ミリオンモール」は、ミリオンパレスにショッピングモールを追加。これに続くG11「765ドーム」は、一転してドーム球場である。

もうムチャクチャ思い切った事業展開だ。G8からG10までは、いろいろな物を建て増していったわけだから、問題はないだろう。建築費用も、ビルの賃貸やショッピングモールの売上など新規事業で回収可能と思われる。

だが、765ドームの建設にあたっては、それまでにつぎ込んだ数百億円をフイにしたうえに、費用をかけて更地にして、新たな建設費を投入したと思われる。東京ドームを参

考にすれば、新たにつぎ込んだおカネは350億円。だ、大丈夫なのか⁉

その後の進化には、さらにビックリである。いろんな場所にいろんな劇場が建設されていくのだが、ついに地上を離れる劇場が現れる。G18「スカイシアター765」は飛行船、G20「ミリオンクルーザー」は豪華客船、G22「ネオユニバースシアター」は宇宙船！　もうムチャクチャだ！

宇宙まで行っちゃうといくらかかるのか見当もつかないので、ここでは飛行船を劇場にしたらどうなるかを考えよう。

現在、アメリカのワールドワイド・エアロス社が開発している飛行船「エアロスクラフトML866」は、船室のスペースが500㎡で、販売価格が46億円。船室の8割を椅子席にすると、定員は1250人になる。チケットを1万円にすると、元を取るにはコンサート370回が必要！　毎日休みなくやっても、1年以上かかる。

実在のアーティストで積極的にコンサートを行ってきた人では、さだまさしさんが有名で、2021年の時点で4500回を超えている。ただ、それは数十年の累計で、年間のコンサート回数はおそらく100回ほどだろう（それでもモノスゴイけど）。

う〜む、人気が出たからといって会場をどんどん建て替えていったら、アイドルたちは何百回コンサートをやっても全然追いつかない。過労死するヒトが出ちゃったら大変だ。765プロダクションは、一刻も早く経営方針を見直していただきたい。

『SPY×FAMILY』のヨルさんは、テニスボールをガットで切断！ 身体能力がすごすぎないか？

楽しいですなあ、『SPY × FAMILY』。

物語の舞台は、冷戦状態になっている東国《オスタニア》と西国《ウエスタリス》。西国のスパイ「黄昏《たそがれ》」は、東国の有力政治家の息子が通う名門校に、自分の子どもを入学させて懇親会に潜入する……という任務を命じられた。だが、入学試験は1週間後で、黄昏は独身だ。

よって急遽《きゅうきょ》6歳の子どもと妻が必要となり、黄昏は「精神科医ロイド・フォージャー」という偽名を使って、まず孤児院にいたアーニャと養子縁組する。

さらに、市役所勤務のヨル・ブライアと結婚して、親子3人の家庭を築くことに成功した。黄昏にとっては、あくまで任務のためである。

だが、彼は知らなかった。アーニャは人の心が読める超能力者だった！　その能力ゆえに気味悪がられ、どこに養子に出されても長続きしなかったが、もう孤児院に戻りたくない彼女は、黄昏の正体に気づきながらも、懸命に娘であろうとする。

また、地味で不器用そうに思われた妻ヨルの正体は、「いばら姫」の暗号名《コードネーム》を持つ殺し屋だった！　彼女は、世間に怪しまれずに殺し屋の仕事を続けるために、家族を持つことにしたのだ。ヨルは黄昏の正体に気づいていないが、黄昏もヨルの素顔を知らない。

――こうしてスパイ、殺し屋、超能力者の偽装家族が成立した。それぞれ自分の利益だけを考えていて、まるでキツネとタヌキの化かし合いだが、これが不思議と心地いい関係を築いていく。黄昏の優しさ、アーニャのひたむきさ、ヨルのマジメさ。それらが自然とお互いを支え合って、3人はしっかりと「家族」になっていくのだ……。

と、心温まる『SPY×FAMILY』の世界だが、空想科学的に考えてみたいことも山盛りあって、筆者はますます嬉しい。特に、美しいヨルさんの身体能力がモーレツにすさまじくて、彼女のしでかした行為については、とても多くの質問もいただく。本稿では、あまりに印象的なヨルさんのエピソード4つについて考えてみたい。

平手打ちで弟を飛ばす!

普段はバーリント市役所に勤務するヨルさんは、27歳。ていねいな言葉づかいが印象的で、同僚に「ご忠告 感謝します!」などと言っているが、その態度は殺し屋のときも変わらない。相手に向かって「大変恐縮なのですが…」と敬語で話しかけ、「息の根 止めさせて頂いてもよろしいでしょうか」と物騒な言葉を重ねて、容赦なくブチ殺す! 密かに暗殺したりするのではなく、警護の者たちが何人いても、平然と乗り込んでいって、全員の命を奪ってしまうのだ。

そんなことができるのは、ヨルさんがビックリするほど強いから。たとえば、コミックス第3巻では、自宅にやってきた弟のユーリを平手打ちしてしまう場面が描かれたが、これがすごかった。

念のために記しておくと、ヨルさんは弟を叩くつもりもなかった。しかし、勢いよく振った左手がユーリのほっぺたを直撃してしまい、すると彼の体は「ギュラララ」とキリモミ回転しながらスッ飛んだ！ 描写から、5mほども飛んだ模様である。

平手打ちで人間を飛ばすなど、なかなかできることではない。しかもユーリは、激しく回転している。こうした現象では、「5mぶっ飛びのエネルギー」と、「ギュラララ回転のエネルギー」は等しくなるケースが多い。これにマンガの状況を加えると、ユーリは時速21㎞で打ち出され、毎秒5・8回転しながら飛んでいったと思われる。

人間にこんな運動をさせるとは、ヨルさんはどんな平手打ちをしたのか。2人の体重は不明なので、ユーリ70kg、ヨルさん50kgと仮定しよう。平手打ちをするとき、体重の5・3％の物体が同じ速度でぶつかったのと同じ衝撃を与える。ここから計算すると、ヨルさんの平手打ちのスピードは、時速820㎞。プロボクサーのストレートの20倍である。

ユーリが受けたダメージは「エネルギー保存の法則」から計算できる。ユーリの2つの運動の合計エネルギーは2400J、ライフル弾ほぼ1発分。これに対してヨルさんの平手打ちのエネルギーは6万6千J、同26発分。すると、差し引きライフル弾

25発分のエネルギーは？　そう、ユーリのほっぺたへのダメージになったはずなんですね！　大丈夫だったのだろうか、この弟……。

人間を何度もバウンドさせる！

コミックス第4巻には、さらに驚きのシーンが出てくる。

それは、路地裏でヨルさんが悪人を蹴った場面。蹴られた男は、路地の左の壁にぶつかってハネ返り、道路にぶつかってハネ返り、右の壁にぶつかってハネ返り、ついに左壁の下部に落下した。ボールのように何度もバウンドしたのだ、人間なのに！

ボールが壁に当たった場合をイメージしてほしいのだが、物が何かに当たると、スピードが遅くなる。衝突後のスピードが、衝突前よりどれくらい遅くなるかを表す数値が「反発係数」で、たとえば時速100kmでぶつかったものが時速40kmでハネ返れば、反発係数は0・4となる。カーリングのストーンのようにほとんど変形しないもの同士の場合、その反発係数は「1」に近く、粘土のように変形すると元に戻らないものや、卵のように壊れるものでは「0」だ。

人間が猛スピードで壁にぶつかった場合も、骨折するなど大ケガをして、まずハネ返らないから、反発係数はほぼ0だろう。ところが、ヨルさんに蹴られた相手は、左の壁⇒道路⇒右の壁と、3回もバウンドした。きわめて珍しいことだが、この悪人は「壁などとの反発係数が0・1だった」と、ここでは考えることにしよう。すると、ヨルさんのすごさが見えてくる。

マンガの状況から計算すると、悪人が最後にハネ返ったときのスピードは時速8・8kmほどだ。「遅いじゃん」と思ったあなたは、彼と壁や道路との反発係数が0・1だったことを思い出していただきたい。

反発係数0・1で、最後が時速8・8kmなら「その壁にぶつかる前」は、速度が10倍の時速88kmだったことになる！　そして「道路でハネ返る前」は、時速880kmだったことになる！　さらに「左の壁でハネ返る前」は、時速8800kmだったことになる！　時速8800kmって、マッハ7・7だよ。つまりヨルさんは、人間を蹴って、マッハ7・7で飛ばしたのだ！

これ、広いところで蹴っていたら、オソロシイことになっていた。空気抵抗も地球の丸さも無視すれば、飛距離は最大609km。東京から西に蹴れば、落下点は広島県尾道市《おのみち》……！

テニスボールをガットで切断！

そしてもう一つ、あまりにもインパクト絶大だったのが、第6巻のシーンだ。ここを読んだとき、筆者はヨルさんのあまりの実力に、もう大笑いしてしまった。

ヨルさんはテニスの試合をすることになった。相手は、諜報員のフィオナ（暗号名：夜帷《とばり》）で、黄昏に強い想いを寄せる彼女は、ヨルさんを打倒するためにテニスの試合を申し込み、「全力でかかってきなさい」と威圧する。

ヨルさんは「…そうですね　手を抜いて打っては相手に失礼です　全力で…!!」と独白してサーブの体勢に。そして、その腕にビキビキビキと力が入り、ヨルさんはラケットをシャオンと振った……のだが、ボールは地面に落下した。

それは空振りにしか見えず、フィオナも「フン…ガッカリだわ　ヨル・ブライア」と思ったが、次の瞬間、恐るべきことが起こった。地面に落ちたボールはまったくハネ返らず、直後にパカッと無数の破片に分かれたのだ！

ヨルさんは「またやってしまいました　力を込めすぎるとなぜかガットに沿ってボールが裂けてしまうんですよね…」と涙顔になっていたから、これまでに何度も同じコトをやらかしてきたのだろう。

心から悲しそうなヨルさんには同情するが、ラケットのガットでボールを切断することなど、人間にできるのだろうか？　硬式テニスボールは、直径6㎝、厚さ3・5㎜のコアボールをフェルトが包む構造になっていて、全体の直径は6・7㎝だ。作中での割れ方を見ると、ボールは縦横5本ずつのガットで分断されている。ゴムを切断するための力は切断面の面積で決まり、上の数値から計算すると、その面積は62㎠。

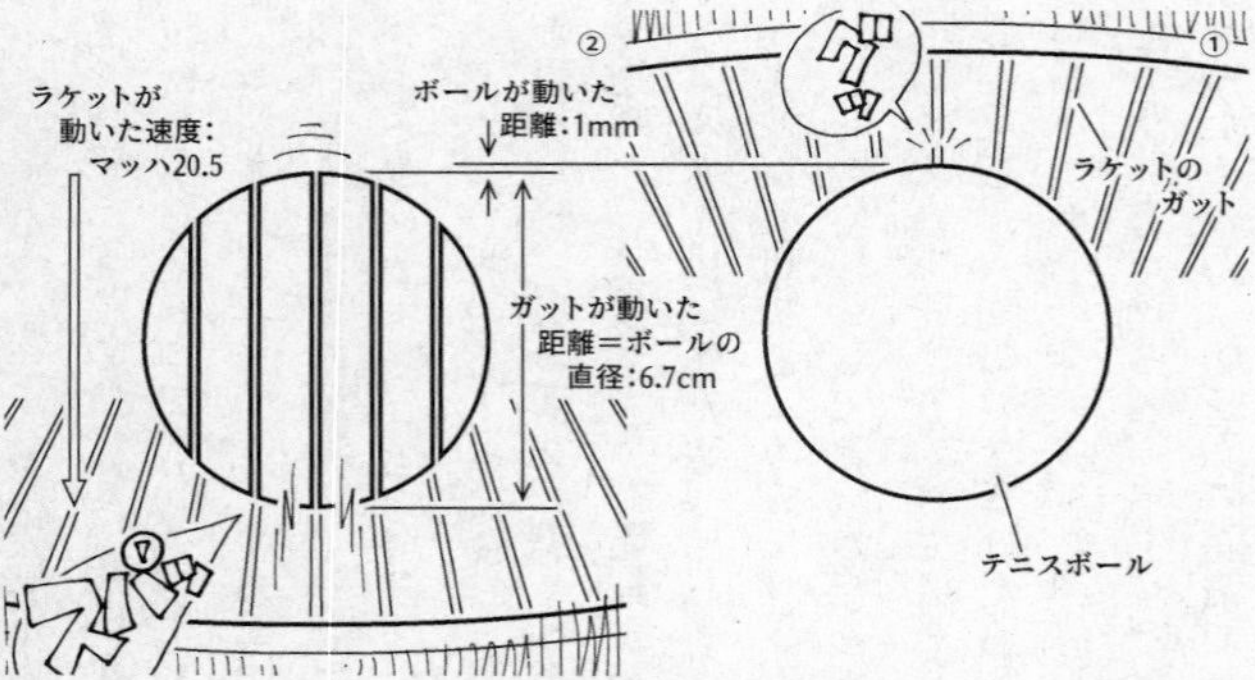

[図1] ガットでテニスボールを切断する瞬間をとらえた図

また、筆者が「1・1㎜角の輪ゴムを金属片の上に置いて、ドライバーの先端を押しつけて切断する」という実験を行ったところ、切断には16kgの力が必要だった。ここから計算すると、テニスボールを切断するのに必要な力は123tとなる！

しかもヨルさんがすごいのは、これだけの力を空中のボールに与えたことだ。普通は強い力を発揮すればするほど、ボールはそれだけ速く飛んでいくだろう。飛ばずに切断されたからには、ボールがほとんど動くヒマもないほどのスピードでラケットを当てたわけである。

空振りしたように見えたのだから、ボールは1㎜しか動かなかったと仮定しよう。58gのテニスボールに123tもの力がかかると、1㎜動くのに0・000098秒しかかからない。ところがヨルさんのラケットはボールをコマ切れにしたのだから、この短い時間にボールの直径分を動いたはずなのだ。そのスピードは、なんと時速2万510 0km＝マッハ20・5【図1】！

ボタンを飛ばして失神させる！

さらにもう一つ、第8巻にも驚愕《きょうがく》のシーンがあった。豪華客船で護衛の任務に就いていたヨルさんは、鋭い殺気を感じる。直後、ボタンが飛び、テロリストの顎《あご》の先端にぶつかって、テロリストを失神させる。作中の状況から、ヨルさんは護衛対象者の背広のボタンを引き千切り、デコピンの要領で飛ばしたようだ。

「顎の先端に打撃を受けて失神」というのは、ボクシングでも起きるから、科学的にも充分ナットクできる現象である。しかし、軽いボタンでパンチと同じ衝撃を与えたというのは、とてつもない。衝突の衝撃は「質量×速度」で決まるからだ。

体重60kgのボクサーのパンチの衝撃は、3・6kg（体重の6％）の物体がパンチと同じ速度でぶつかったのと同じ、といわれる。背広のボタンの重さを1g、ボクサーのパンチの速度を時速40kmとすると、ボタンがぶつかった速度は、時速40km×360 0＝時速14万4千km＝マッハ118！

1gのボタンとはいえ、マッハ118で飛ばすには大変な力が必要だ。デコピンで

［図2］驚異的な指の力と、狙いの正確さがあればこそ

ボタンを3㎝動かして飛ばしたとすると、ヨルさんの指の力は2700t【図2】！

——もう本当にすごすぎる人である。悪人をマッハ7・7で蹴っ飛ばし、テニスのラケットをマッハ20・5で振り、ボタンをマッハ118で投げる。ヨルさんは、周囲の人々に怪しまれたりしないように、黄昏との結婚を選び、アーニャの母親になったが、身体能力が高すぎて、やっぱり怪しまれてしまうのではないだろうか……。

とはいえ、苦手な家事にも懸命に取り組んでいて、なんとも心がほっこりする素敵な殺し屋さんである。ヨルさんとその家族に、幸あれ。

壁に投げつけられたかえるが、王子になった！
不思議な昔話『かえるの王子さま』の謎を考える。

ある教育系のウェブサイトで、昔話にまつわる質問を募集したことがある。

驚いたことに8千もの質問が寄せられたが、さらに驚いたのは、いちばん多かった質問が「昔話ではなぜ、王子さまのキスで、お姫さまの目が覚めるのですか？」だったこと。いわれてみたら確かに不思議だけど、うーん、これはどう考えればいいんですかね？

SNSでそんな弱音を吐いたところ「ずっと人工呼吸だと思ってました」とか「目が覚めるほど強く吸ったのでしょう」とか「眠っているあいだに体が乾燥したので、唇が触れ合った瞬間にすごい静電気が発生し、ショックで目覚めた」といったトホホな見解が続々届いて「さすが筆者のフォロワーさんたちだ！」と深くナットクしたのだった。

そのなかに「王子さまがキスした瞬間が、魔法の期限が切れる瞬間だった」というマックス・リュティの研究があると教えてくださった方がいた。おおっ、なんという学究的な視点！

その研究は『ヨーロッパの昔話――その形と本質』（岩波文庫）という本にまとめられており、同書を訳されたドイツ文学者の小澤俊夫《おざわとしお》先生が「いばら姫が目を覚ましたのは、王子のキスによるのか、それとも100年の時間切れか」という問題を例に、リュティの説を紹介するエッセイを書かれていた。

少し長めに引用させていただくと、こう解説されている。

「ちょうど一〇〇年の時間が切れるときにキスをした、その時間の一致にメルヒェンらしさがあるのだ、というのです。そしてリュティは、もし時間の一致があそこだけならば、それは偶然の出来事といえるだろう、ところが昔話では至るところに時間の一致、場所の一致、状況の一致、条件の一致があるので、これはもう偶然ではなく、一致という昔話特有の性質と考えなければならない、と述べています。結局あそこは、キスだけで目が覚めたのでもなく、時間切れだけで目が覚めたのでもなく、ちょうど一〇〇年の時間が切れるときにキスをしたのです。その両方がぴたっと一致してはじめて目が覚めたわけです」（小澤俊夫「昔話の道しるべ」第26回）。

なるほどー。時間や場所や状況を一致させることで物語が展開する、というのはわかるような気がします。でも、ちょうど100年目にキスした人が、王子さまで、優しくて、イケメンで……って、いろいろモノスゴク一致している！　すごく欲張ってますな！

――などと、目からウロコの落ちたこの話を続けたくなるのだが、本稿ではさらに謎めいた昔話を考えてみたい。それはグリム童話『かえるの王子さま』。かえるに姿を変えられていた王子は、キスではなく、お姫さまにぶん投げられ、壁に叩きつけられた瞬間に元の姿に戻ったというのだ。いったいどういうコト⁉

なんなんだ、この話！

この昔話は、かわいいお姫さまが金のまりで遊んでいるところから始まる。ところが彼女はまりを泉に落とし、まりは沈んでしまう。

お姫さまが泉のほとりで泣いていると、かえるが現れて「同じ皿から食べて、同じベッドで寝るなら、金のまりを取ってきましょう」と言う。お姫さまは「気持ち悪い」と思うが、まり惜しさに「わかったわ」と約束すると、かえるは金のまりを取ってくる。

そして、かえるはお城までやってきて、同じ皿からの食事を要求する。お姫さまは嫌がるが、事情を聞いた父親の王さまに「約束は守りなさい」と叱られ、しぶしぶ従う。が、夜になってかえるが寝室に来て同じベッドで寝ることを迫ると、ついにブチギレ。かえるをむんずとつかむと、壁に叩きつけた！

ところが、あ〜ら不思議。その瞬間、かえるは立派な王子さまになったではないか。王子本人の話によれば、悪い魔法使いによって、かえるの姿に変えられていたらしい。これで2人は婚約することになり、王子の国から家来が迎えにやってきましたとさ。

めでたしめでたし。

……って、いやいやいやいや。どこがめでたいんだ、このお話!? お姫さまは、恩人を心底気持ち悪がったうえに、怒りに任せてブチ殺そうとしたんだよ。それなのに、かえるが王子になったら結婚するですと!? 手のひら返しにもホドがある。相手の王子も、なんでそんなひどい娘と結婚しようと思う!?

などなど気になることも多いのだが、ここでは王子がなぜ人間に戻れたのかという問題に絞って、できるだけ科学的に考えることにしますね。落ち着くんだ自分……。

金のまりは9200万円!?

筆者が気になるのは、お姫さまが遊んでいたという「金のまり」である。

『グリムおはなし絵本』（主婦と生活社）の挿絵《さしえ》を見ると、それはソフトボールほどの大きさがある。金色ということは、糸に金箔を貼った「金糸」を何かに巻きつけたものだったのだろうか。だが、まりが泉に沈んだことを考えると、それなりの量の金が使われていたのでは……。

金はとても柔らかい金属だ。内部が空だと、遊んでいるうちにデコボコになってしまうから、なかまで詰まった塊だった可能性もある。金は密度が水の19・3倍。それで3号ソフトボールと同じ直径9・7cmだったとしたら、重さはなんと9・2kgだ。

しかも非常に高価な金属で、現在の価格でいえば1ｇあたり1万円くらいする。9・2kgなら9200万円！　さすがお姫さま、都心に一戸建てが買えるようなド高い玩具ですなあ。

……と思ったけど、この想像はいくらなんでもムチャかもしれない。重さ9・2kgとは男子砲丸投げの砲丸（7・26kg）より重いのだから。でも、オモシロイからもう少し妄想を続ければ、お姫さまがこのまりを1ｍ投げ上げて、キャッチの瞬間に手を10㎝沈めて受け止めたとしたら、このお姫さまは102kgの力を発揮したことになる。すげー力持ちだ。

そんな怪力で壁に叩きつけられたかえるも、たまったものではない。王子がヨーロッパヒキガエルに姿を変えられていた場合、最大個体で体長15㎝、体重600ｇくらいである。かなり大きいが、片腕で51kgの腕力を有すると見られるお姫さまが腕を50㎝ぶん回して投げたとすると、かえるは時速104㎞で壁に叩きつけられます。これは死んでしまうでしょうな〜。

王子はなぜ死なずに済んだのか？

あ、しまった。「金のまりは重さ9・2kgで、それを1ｍ投げ上げてキャッチできる力持ちのお姫さま」という仮定のまま、最後まで計算してしまった。

そこまで怪力のお姫さまもそう多くはないと思うけど、仮に半分の時速50㎞で叩きつけられたとしても、かえるの安否は相当心配である。走ってきた車にハネられるみたいなものだからね。

それにしても、この凄惨な行為のどこに、人間に戻れる要素があるのだろうか。そこで、冒頭の「時間の一致」という考えに戻りましょう。いばら姫が目覚めたのは、王子さまがキスをしたからでも、１００年経ったからでもなく、その両方がぴったり一致したから。これに学べば、かえるは壁に叩きつけられたから王子に戻れたのではなく、叩きつけられた瞬間と、魔法が解ける時間が一致したからこそ戻れた……ということになる。では、両者はどこで一致したのか？

時速50㎞で叩きつけられた後で魔法が解けても、かえるの死体が王子の死体に変わるだけ。よって「叩きつけられる直前に、魔法が解けた」と考えるしかないだろう。その場合、王子の運命を左右するのは「運動量保存の法則」だ。

これは、何かが起こる前後で「質量×速度」の合計は変わらない、という法則。たとえば、１kgの粘土が時速12㎞で２kgの粘土にぶつかり、くっついて一体化した場合、「１kg×時速12㎞＝３kg×衝突後の速度」から、一体化した粘土は、時速４㎞で運動する。

この法則が成り立たないとしたら、壁にぶつかる前に魔法が解けても、王子は時速

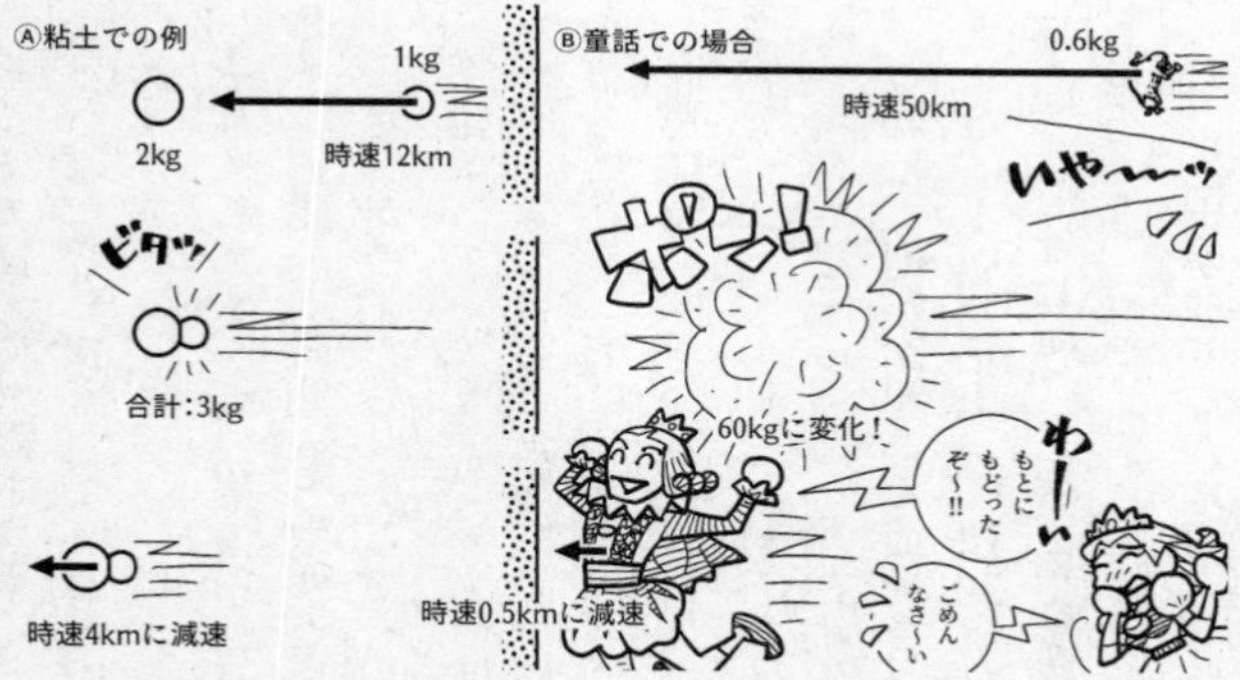

[図1] 王子さまの生還は「運動量保存の法則」のおかげなのだ

50㎞で壁にぶつかった可能性があり、やはり命が心配だ。運動量保存の法則が成り立つとしたら、王子の体重が60㎏のとき「0・6㎏（かえるの体重）×時速50㎞＝60㎏×王子の衝突速度」となり、王子は時速0・5㎞で壁にトン、とぶつかるだけで済み、めでたしめでたしとなる**【図1】**。

はい。というわけで、科学的な結論。かえるは、なぜ生きて王子に戻れたのか。その答えは「運動量保存の法則が成り立っていたから」です。

『るろうに剣心』の志々雄真実は、戦闘中に体が炎上！
そんな壮絶な死に方があり得るか⁉

『るろうに剣心』の印象深いラスボスといえば、志々雄真実《ししおまこと》だ。

全身に包帯を巻いた異様な姿と、個性的な部下たちにも慕われるカリスマ性、そしてあまりに凄絶な最期……！　いずれも脳裏にしっかりと焼きついている。

志々雄は、かつて「人斬り抜刀斎《ばっとうさい》」と呼ばれた緋村剣心《ひむらけんしん》が「不殺《ころさず》の誓い」を立てた後、彼のあとを継いで人斬りとなった男だった。

だが、その実力と野心を危険視した明治新政府は、志々雄を不意討ちし、体に油をかけて火をつけた。大火傷を負いながらも一命を取りとめた志々雄は、資金と兵力を集めて復讐戦争を企てる。

火傷によって全身の汗腺を破壊された志々雄は、平常から驚異的に体温が高く、医師に「全力運動は15分まで」と制限されていた。しかし迎えた最終決戦、剣心たちとの死闘は15分を大きく超えてしまった。すると、体の脂と鱗《りん》分が自然発火！　全身から上がる劫火《ごうか》に身を焼かれ、「フハハハハ……」と高笑いしながら死んでいったのである。

なんという凄絶な最期であろう！　まことに志々雄らしい死に方ともいえるが、科学的にはモーレツに疑問である。「体温が上昇しすぎて体が燃え上がる」などという

［図1］汗腺を破壊された志々雄は、体内の熱を逃がせなかった。ツラかろう

現象が、実際に起こり得るのだろうか？

体温上昇で「発火」が起こるか？

人間は体温が42℃を超えると、生命活動を進める酵素がうまく働かなくなり、命が危なくなる。だから、人間の体は、運動などをして体温が上がると、汗を流す。汗が蒸発するときに体から熱を奪うことを利用して、体温を下げるのだ。人体というものは、たいへんうまくできている。

ところが、汗腺を破壊された志々雄は、これができなくなっていた。作中の医師が「全力運動は15分まで」と釘を刺していたのは、激しい運動を続けると体温が危険な領域にまで上がってしまうからだろう**【図1】**。

そんなカラダで、志々雄は激しすぎるほどに戦った。剣心を火薬で吹っ飛ばし、斎藤一《さいとうはじめ》、相楽左之助《さがらさのすけ》、四乃森蒼紫《しのもりあおし》を続けざまに倒す。剣心が再び立ち上がったところで、15分経過！　そこから剣心と壮絶に斬り合い、「何より強いのはこの俺!!」「生きるべき者はこの俺だ!!!」と叫びつつ、トドメの一撃を見舞おうとした瞬間、全身が一気に炎上したのである。

　確かに、医者にも止められていたし、体温が上がると命が危険なのはわかる。だが、体が発火炎上するほど体温が上がるとは、オドロキではないか。

　そうなった理由について、一部始終を目撃していた斎藤は「異常体熱が自分の脂と燐分を燃やした…」と推測していた。

　確かに人間の体内に、「脂」は体脂肪などの形で含まれる。志々雄の引き締まった体でも体脂肪率は10%近くあるだろう。また「リン」も骨や歯を構成するリン酸カルシウム、細胞膜を形成するリン脂質、呼吸で得たエネルギーを蓄えるアデノシン三リン酸などのカタチで存在し、その割合は体重の1%ほどもある。人体でも6番目に多い元素なのだ。

　そして、脂肪もリンも燃える物質だ。温度が上がることで燃焼するディーゼル燃料は脂肪の仲間といえるし、マッチの発火薬にはリンが含まれている。科学的には実証されていないが、墓場でユラユラ燃える人魂も、埋葬された人体に含まれるリンが燃えているのではないかとする説がある。

このように考えると、体温が上がりすぎることで、体内の脂肪やリンが燃え上がっても不思議ではない。

体温は何度だったんだろう？

とはいえ、40℃や42℃くらいでカラダが燃え始めてしまったら、高熱を出すたびに焼死してしまうことになり、おちおち風邪も引いていられない。体温が何度になれば、体内の脂とリンは燃えるのだろうか？

空気が充分にある場合、発火点（火の気がなくても燃え始める温度）は物質によって異なる。油の発火点は、ディーゼル燃料では250℃だが、人体に含まれる動物性油脂は400℃だ。

また、リンにはいろいろな種類があるが、燃えるのは黄リンと赤リンだけで、前者の発火点は30℃、後者の発火点は260℃である。人体に含まれるのはリンの化合物であり、化学反応がすでに終わっているので、そのままでは燃えない（そのままで燃えたら、黄リンは人間の体温でも発火してしまう）。

にもかかわらず志々雄が燃えたのはなぜか？　これはもう、彼の体内には、リン脂質やリン酸カルシウムから、黄リンや赤リンを析出《せきしゅつ》させる仕組みが備わっていたから……とでも考えるほかはない。生物を超越した恐ろしい男である。

その場合、体温が異常に高くなって初めて燃えたのだから、志々雄の体内で燃えたのは、赤リンだろう。すると、彼の体温は260℃！ これによって赤リンが発火し、その「火の気」によって、脂も燃え始めたに違いない。

体重59kg、体脂肪率10％の人体に含まれる脂肪は5・9kg、リンは590gである。これがすべて燃焼したとき、脂肪は5万3千キロカロリー、リンは2300キロカロリーの熱を発生する。リンが発生する熱は脂肪の23分の1で、リンはまさにマッチの役割を果たしたわけだ。

実際に人間の体温が260℃にも急上昇したら、どうなるか？ おそらく全身のタンパク質が煮え、血液を含む体液が沸騰&蒸発し、発生した水蒸気の圧力で全身が爆発する……！

作中でも、燃え上がった志々雄の体は、一瞬で轟音を立てて燃え上がり、周囲の者が近寄れないほどすごい炎に包まれていたが、それもナットクの凄絶現象が起こり得るのだ。

その炎が収まったとき、作中のセリフ（おそらく左之助）によれば「跡形もなく…本当に燃え尽きちまった…」で、描写を見ても何も残っていなかった。骨までなくなったからには、遺体を火葬する800～1200℃を超えていたということか。あまりに潔い死に方である。

そんなに動いたら命はない！

それにしても体温が260℃に上昇するとは、よほど激しい運動をしたのだろう。前述のとおり、志々雄は「全力運動は15分まで」と制限されていたが、実際にはどれほど運動したのか？

これは「志々雄の体内で、どれだけの熱が発生したか」から推測できる。志々雄の体重は59kg。また、志々雄が配下の佐渡島方治《さどじまほうじ》の額に手を当てて壁に押しつけたシーンでは、方治は「これが人間の体温か……!?」と驚いたものの、火傷をした様子はなかった。ここから、志々雄の普段の体温を50℃と考えよう。

それが260℃に上がったということは、体温が210℃も上がったことになる。この場合、志々雄の体内で発生した熱は1万300キロカロリーと推測される。

また、人間が運動するとき、体内の栄養分から生み出したエネルギーは、50%が生命活動に使われ、50%が熱に変わる。その熱が1万300キロカロリーということは、運動に使われたエネルギーも1万300キロカロリーである。つまり合計2万600キロカロリー。成人男性が、1週間かけて消費するエネルギーだ。

これを15分よりやや長い時間、たとえば20分で消費したとしたら、志々雄は「285m彼方《かなた》から1秒で走ってくるような激しい運動」をしたのだと思われる。しかも20分間、休みなく。ここまでハードな運動をしたら、汗腺があろうとなかろうと、死んでしまうのでは……!?

それほどキビシイ状況に追い込まれながらも、志々雄は体温が260℃になるまで戦い続けた。そう考えると、しみじみそのオソロシさが伝わってくる。

剣心はよくぞこんな強敵に勝ったものである。すごい。敵も味方も、恐るべき男たちでござるよ。

『王子が私をあきらめない！』で、プロポーズで
ダイヤモンド鉱山を贈った初雪の金持ちぶりを考える！

大きすぎなダイヤがなくてホッとしたのに気持ちが……
重たッ!!
鉱山丸ごと君のモノだ
権利書在中

わはは。なんて図々しいタイトルなんだ、『王子が私をあきらめない！』。

普通なら、「あれ？『私が王子をあきらめない！』では？」と思いそうだが（筆者もそうでした）、コミックス全12巻を読むと、もう100％タイトルどおりの内容だった。庶民的な主人公の女子を、超セレブの男子が全然あきらめない物語なのだ。

驚くのは、王子こと一文字《いちもんじ》初雪《はつゆき》のモノスゴさだ。彼はセレブの子女が通う私立王冠学園 高等部の生徒会長で、女子たちは彼に熱狂の賞賛を惜しまない。彼女たちの話を総合すると、初雪の母は元華族の出身、祖父は一文字財閥の総帥《そうすい》、曾祖父はマフィアのボスで、いとこは石油王。「さかのぼれば あらゆる王家の血統にたどり着く」らしい。

また、ヨーロッパに城を持ち、移動は自家用ジェット機で、指を鳴らせば瞬時に主治医チームが駆けつける。専属の給仕はもちろん、いつでも演奏できるように楽団もスタンバイしており、すべての行動は一文字家の映像記録班が撮影している。

学校の廊下には、生徒なのに初雪の胸像が飾られ、彼の周囲には「四天王」と呼ばれる生徒会役員が付き従い、一般の生徒が近づくことは許されない。大企業の令嬢でさえ、想いを綴ったポエムを渡そうとして「吹き矢」で倒された。初雪の誕生日の7

月14日に開催される「生誕祭」は王冠学園最大のイベントで、国内外からの来賓が訪れ、華やかな舞踏会も行われる。

――こんな初雪が、ごく普通の少女・吉田小梅《よしだこうめ》を好きになったのだ。小梅は、祖父が畑でレアアースを掘り当てて、大金が手に入ったことで王冠学園に通うことになったが、満員電車の存在さえ知らないような生徒たちばかりの環境に全然なじめないでいた。そこに超絶セレブの初雪の猛アタックが始まってしまった……！

ギャグ要素満載ながら、少女マンガの王道路線も外していない『王子が私をあきらめない！』。初雪のセレブっぷりが気になるので、この点を中心に考察してみよう。

一文字初雪の超絶スペック

ここまで紹介した要素だけなら、単なる「大富豪の跡取り」でしかない。だが初雪は、本人のスペックもモノスゴク高い！

ヴァイオリンの腕は超一流で、世界のコンクールを制した。校内で初雪が弾くことになったときには、世界的な作曲家がその演奏を聞くために来日し、すばらしい音色に失神してしまう。

小学5年生のときの作文でノーベル平和賞を取った。高校2年の夏休みの宿題の読書感想文は、ノーベル文学賞の候補になった。夏休みの写生画をルーブル美術館に収蔵させてほしいとの申し出もあったが、それは断っている。

IQは500。視力は両眼とも12・0。裸眼で新しい星を発見した。STAPPE細胞も発見し、新薬も開発した。花火すら自ら調合する。運動能力も抜群で、体育祭では、非公式ながらすべての競技で世界新記録を出す。……もう何もかも驚異的だ！

そんな初雪だから、小梅へのアプローチの言葉もすごい。「油田をひとつあげるから僕の友になってくれ」「一緒にマヨルカ島の海に沈む夕陽を眺めよう」「放課後の予定は？　オペラを観に行こう」という調子。庶民の小梅はドン引きし、あくまでも普通の高校生として初雪に接するが、それが新鮮な初雪は、ますます小梅に惹かれ……。

ただ、誤解しないでほしいのだが、初雪は決して、自分が金持ちであることや、スペックの高さをひけらかしているのではない。単にセレブの世界しか知らないだけで、ピュアといえばモーレツにピュアなヒトなのだ。


花びらが宇宙まで舞い上がる！


さらに初雪がすごいのは、天候や環境などにも影響を与えてしまうこと。

たとえばある朝、小梅が登校すると、周囲から「チュンチュン」「ピ——ヨロロロロ」「チチチ」「ピイピイ」「チュイチュイ」「ヒヨヒヨ」と、鳥がめちゃくちゃさえずり、虹が出て、花が咲き乱れている。小梅が「何これ……」と思っていたら、初雪が交際を申し込んできた。彼の心の高ぶりが、動植物や気象に表れたのだ。他の場面でも、初雪の気持ちが明るいときは爽やかに晴れ渡り、落ち込むと空はたちまち曇り、雨雲が押し寄せ、やがて大雨となる。日本なのに、オーロラが出たことさえあった。

また、小梅がアルバイトする定食屋に現れたときには、店の近くのドブ川が浄化され、店につながるアスファルトが光り輝き、店で出している「ゴムのように固いビフテキ」がA5ランク霜降り肉になった。さらに、初日の出を背負って現れた初雪の姿を見た小梅の祖父母は、寿命が10年のびたという……。

まだある。初雪の心が浮き立つと、周囲にバラの花びらが舞う。背景に花が描かれるのは少女マンガの伝統的な演出方法だが、本作では本当に舞うのだ。花びらがキャラの目をふさぎ、頭に降り積もり、大量の花びらでバリーンと窓ガラスが割れたこともある。いちばんすごかったのは、礼拝堂の屋根を突き破って、宇宙まで飛んだとき！　ナレーションも「その日　バラは宇宙空間に到達した――」と説明し、コマでは礼拝堂の分厚い屋根に穴があいていた！　ものすごい！

感心してばかりいても仕方がないので、科学的に考えよう。コマの描写では、バラの花びらは地上3万6千㎞の静止衛星軌道まで到達していた。この高度に達するには、空気抵抗を無視しても、礼拝堂の屋根を突き破った時点で、花びらの速度はマッハ30・29だったはずだ。すごすぎて数字もセレブというか、まるで実感できません。

そこで、もう少し実感しやすいお金持ちエピソードを探すと、花火大会がある。初雪に「浴衣で来るように」と言われて小梅が出かけていくと、打ち上げ花火がドォンと上がる。小梅が「花火大会はまだ先じゃ……」と言うと、初雪は「僕が上げさせた」。そして「この花火が終わるまで隣にいてくれないか」と乞い、その頃にはだいぶ心が接近していた小梅も「このまま花火が終わらなければいいのに――」と思うのだが、なんとその花火は7日7晩続いた！

わははは。隅田川の花火大会では、1億5千万円をかけて2万発の花火を打ち上げる。時間は1時間。7日7晩とは24×7＝168時間。すると初雪は、252億円をかけて336万発の花火を打ち上げた可能性がある。

また、初雪が意に沿わない留学をすることになって、小梅がそれを阻止したことがある。深く感謝した初雪は、お礼に「吉田小梅の像」を作って、王冠学園内に設置した。画面の描写から像はおそらく等身大で、作中のセリフによれば「純金製で目にはダイヤモンド」。初雪はいったい、いくら使ったの!? 小梅の体重を50kgとすると、それと同じ体積の純金とは966kg。これを書いている本日の金の相場（1gあたり9848円）で計算すると、95億1千万円！ 目になっているダイヤモンドは直径3cmほどもあり、この大きさだと98カラットほどあるはず。最高級品だとすると、推定5億3千万円。2つで10億6千万円。すると小梅の眼球ダイヤモンド純金像の値段は、材料費だけで105億7千万円！　加工費を入れると、いくらになるやら……。

ダイヤモンド鉱山のお値段は？

そして、このマンガのクライマックスでは、科学的にもオソロシイことが描かれた。紆余曲折を経て、ついに初雪が小梅にプロポーズするのだが、そのときに彼が贈ったのは、リングだけの指輪だった。初雪は「豪華な装飾はなくとも君の芯の強さ美しさにふさわしいものを」と言い、小梅も「嬉しい　手首折れそうな巨大ダイヤがくっついてなくてほっとしました」と喜ぶのだが、するとと初雪は書類を渡す。「ボツワナ共和国にあるダイヤモンド鉱山の権利書だ」。

ダイヤモンドどころか、鉱山ごとプレゼント！　いったいいくらするのだろう？

ボツワナには4つのダイヤモンド鉱山があり、その一つオラパ鉱山は世界最大。初雪さまが買うとしたら、ここ一択でしょうなあ。

調べると、鉱山の適正な価格を決める数式というものがある。可採年数（あと何年採掘できるか）などが大きくかかわる複雑な式だ。オラパ鉱山の採掘が始まったのは52年前の1971年。仮に可採年数が30〜50年だとすると、年間純利益の10倍くらいが適正な価格のようだ。

すると、年間純利益は？　ボツワナの年間輸出額は42億5600万ドル（2020年）。

［図1］ダイヤモンド鉱山の価格から、初雪の月収まで想像できる

これを書いている本日の相場で5790億円だ。ボツワナの輸出額80～90%がダイヤモンドといわれるので、中間の85%とすると、4920億円。4つある鉱山の一つで、「世界最大」となると、その半分の2460億円ぐらいは、オラパ鉱山が稼ぎ出しているのではないだろうか。純利益がその10%だとすると、246億円となり、適正価格はその10倍で2460億円！ 婚約指輪は月収の3倍ほどが相場といわれるけど、初雪は月収820億円くらいの生活をしているってこと**【図1】**？

わははは。やっぱり豪快すぎる作品だ。そして、こんなぶっ飛んだ話なのに、もう胸がキュンキュンする極上の少女マンガに仕上がっているのが『王子が私をあきらめない！』である。筆者はココロからびっくり&感動しました。

『キャプテン翼』の翼くんは子どもの頃、500mくらいボールを蹴った。どんなキック力だ？

「栴檀《せんだん》は双葉より芳し《かんば》」ということわざがあります。

栴檀は、白檀《びゃくだん》という木の中国名。白檀は香木《こうぼく》の一つで、香りのいい風を送るために扇子の骨にも使われるけど、双葉のときからいい香りがするんですね。このことわざは、それと同じように「立派なことを成し遂げる人物は、子どものときから優れているものだ」という意味。おお、まさに筆者のこと！……なわけはないですね。はい、すみません。2度と言いません。

筆者が思うに、この言葉がぴったりなのは誰あろう、『キャプテン翼』の大空翼《おおぞらつばさ》くんだ！

サッカーマンガの金字塔『キャプテン翼』の第1話で、主人公・大空翼くんは南葛《なんかつ》小に転校してくる。このとき11歳。その新しい町で、修哲《しゅうてつ》小のゴールキーパー・若林《わかばやし》源三《げんぞう》くんのすごいセービングに魅せられた翼くんは、彼に「挑戦状」を送る。ボールに「ちょうせん状　場所　町のサッカー場　大空翼」とマジックで書いて、若林くんの家に蹴り込んだのだ。

宛名もなければ、日時も書いてない！　おまけに翼くんは若林くんのプレーを見たけど、若林くんのほうは翼くんの顔も名前も知らないのだ。そんな挑戦状を送ってどーする？

　いやいや、ツッコみたいのはそこではなかった。このシーンで驚くべきは、翼くんがボールを蹴った、その距離だ。マンガのコマのなかで、翼くんは小高い丘の上に立ち、町を見下ろしている。家が建ち並ぶ町の先のほうに、ひときわ大きな屋敷があり、それが若林くんの家だという。コマの描写から、丘の上から若林くんの家までどう見ても500mはある……！

　翼くんは連載の1回目から、それほどのすごいキックを見せたのだ。いくらなんでも双葉のときから芳しすぎないか、翼くん!?　いったいどれほどのキック力なんだっ!?


時速244㎞のキック！


　何度マンガのコマを見ても、翼くんがいる丘の高さは30mほどで、丘から若林くんの家までは500mはあるように見える。小学生がボールを蹴り込むには、あまりに遠すぎないだろうか。ワールドカップで使用されるサッカーコートでさえ、長さ105m×幅68mなのに……。

　ところがマンガのなかで、丘から飛んできたボールをバシッと受け止めた若林くんは、専属コーチとこんなやり取りをする。

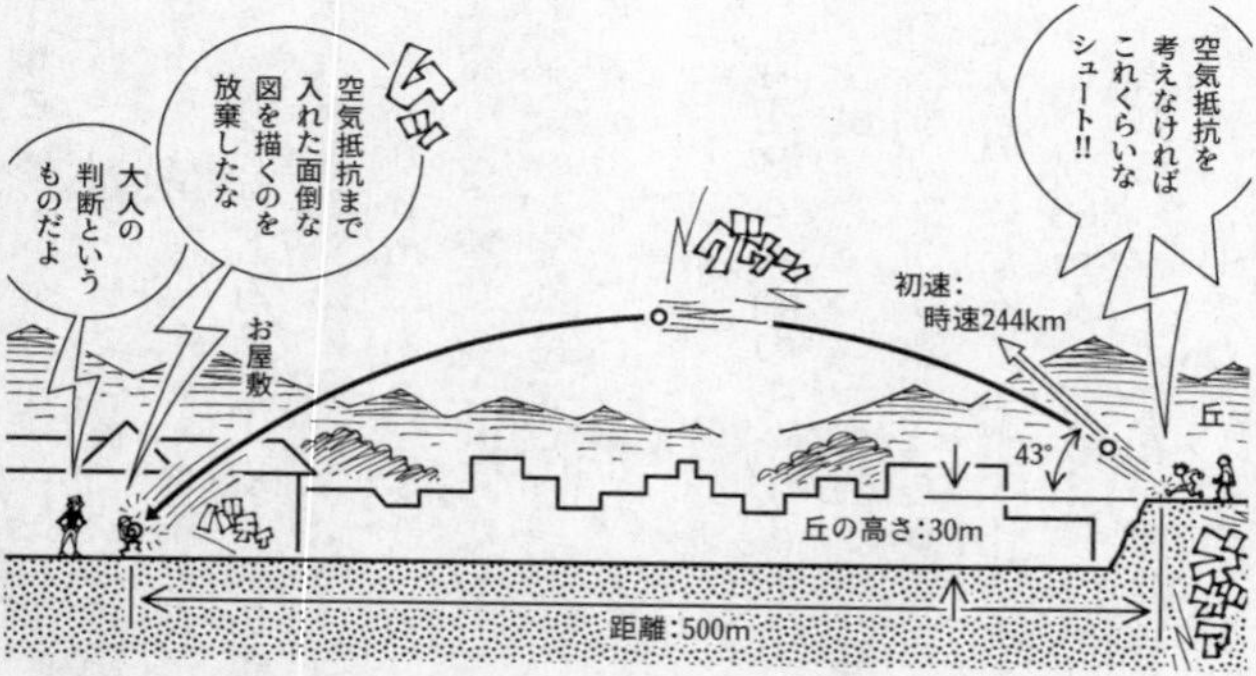
空気抵抗を考えなければこれくらいなシュート!!
初速：時速244km
丘
43°
丘の高さ：30m
距離：500m
お屋敷
空気抵抗まで入れた面倒な図を描くのを放棄したな
大人の判断というものだよ

[図1] 天才サッカー少年は、挑戦状のボールをこんなふうに蹴り送った

若林くん「あの丘からとんできたんです」
コーチ「なにィ!?　うそをつくな！　ここからどれだけあると思っているんだ!?」「源三！　おまえのみまちがえだ！　ここまでとどくわけがない！」

コーチがここまで否定するからには、本当に信じがたい距離を飛んできたのだろう。そこで印象どおり距離５００ｍだったと考えると、翼くんはどういうキックを放ったことになるのか。

空気抵抗を考えなければ、答えを求めるのは簡単だ。もっとも速度が遅くて済むのは、ボールを斜め上43度に蹴ったときで、そのスピードは時速２４４km【図1】！

これはすごい。史上最速といわれるスティーヴン・リードのシュートが時速１８９kmだ

から、翼くんはその1・3倍も速いキックを放ってみせたことになる。11歳の小学生なのに！

空気抵抗の法則

しかし、繰り返すけど「栴檀は双葉より芳し」なのだ。空気抵抗まで考慮に入れると、翼くん11歳の実力はもっともっとすごいことになる。

サッカーにおいて「空気」は重要な役割を果たす。大きく左右に曲がるバナナシュートも、バーを越えそうな軌道から大きく落ちてゴールに入るドライブシュートも、上下左右に揺れて軌道の読めない無回転シュートも、みんな空気の力を利用している。翼くんは「ボールはともだち」という名言を残したが、サッカーにおいては、ボールだけでなく、空気もともだちなのだ。

すべての要素を入れて考えることは現実的に難しいので、ここではボールの回転などは考慮せず、空気が物体の運動を邪魔する「空気抵抗」だけを考えてみよう。

空気抵抗には、面白い法則がある。それは「同じ距離を進むと、同じ割合で速度が遅くなる」というものだ。これは野球についてよく研究されていて、直径7・3㎝、重量145gの硬式ボールの場合、ピッチャーズプレートからホームベースまでの18・44mを飛ぶあいだに、スピードが90％に落ちることがわかっている。たとえば、時速150㎞で投げられたボールのスピードは、キャッチャーに届くころには時速150㎞×0・9＝時速135㎞に落ちているのだ。

そして、もし重力が働かなくてそのまま飛び続けるとしたら、次の18・44mでさらに90％の時速122㎞、次の18・44mで時速109㎞……と、どんどん遅くなっていく。これ、高校の物理の授業でも習わないいんだけど、なんでこんなにオモシロイ話を教えないのかなあ。

それはともかく、サッカーの場合。空気抵抗は、ボールの断面積が大きいほど強くなる。また、ボールが重いほど、空気抵抗によるスピードの低下は小さくなる。翼くんが蹴ったと思われる少年用のサッカーボールは、直径20・5㎝、重さ350〜390g。野球ボールに比べると、断面積は8・1倍も大きいが、重さは2・6倍でしかない。

この結果、サッカーボールは空気抵抗の影響を大きく受けて、野球ボールより3・2倍もスピードが落ちやすい。つまり、わずか5・8mずつ進むごとに、スピードは90％に落ちていくのだ。

翼くんは、こういうボールを500mも飛ばしたのである。さて、蹴ったときのスピードはどれほどだったのか？　ものすごい数値が出そうで、もう計算するのもコワいけど……。

最初のスピードはどれほどか⁉

翼くんがボールを蹴ったスピードを求めるには、ゴールからさかのぼって考えるのがいい。

若林くんは「バチィ」という音を立ててボールを受け止めた。ここから、受け止めたときの速度を、時速50㎞と仮定しよう。

すると、その5・8m手前では、時速50㎞÷0・9＝時速55・6㎞だったことになる。以後、5・8m戻るごとに、速度は「÷0・9」を繰り返して速くなっていく。

11・6m前では時速61・7㎞、17・4m前では時速68・6㎞……。この調子で、翼くんが蹴った瞬間までさかのぼっていくと、次のとおりだ。

翼くんからの距離　ボールのスピード
500m地点…………時速50㎞
400m地点…………時速307㎞
300m地点…………時速1886㎞
200m地点…………時速1万1587㎞
100m地点…………時速7万1172㎞

そして、翼くんが蹴った瞬間は、ぬわーんと時速43万7160㎞。マッハ357である！　すごい。すごすぎる。いくらなんでも、こんな数字が出てくるとは思いませんでしたーっ。

実際にこんなスピードでボールを蹴る少年がいたら、どうなるのだろう。

少年サッカーの通常の試合は、縦80m、横50mのコートで行われることが多い。ピーッと笛が鳴り、翼くんがセンターラインからキックオフすると、ボールは0・0000000091秒でゴールに突き刺さる！ 誰も反応できない。

仮に翼くんが蹴ったボールが、10m離れた選手に当たるとしたら、そのカワイソウな人にはマッハ298で激突！ その衝撃は、時速135㎞で走る乗用車に真正面からハネられるのと同じ！ 敵は戦々恐々、味方もウカツにパスをもらえません！

そして、こんなボールを蹴った翼くんのキック力は278万tである。わはははは！ もう笑うしかないっ。こんな力で蹴られて破れなかったボールも驚異的。さすが、翼くんのともだちだ！

『キングダム』の王騎将軍は、巨大な矛をブン回す。その実力はどれほどか？

ンフッ♡
まずはあのデカい矛の重さの算出からかな？

読み始めたらやめられなくなるマンガ『キングダム』。春秋戦国時代末期の中国を舞台に、すごい武将たちが、知力と体力の限りを尽くして戦う歴史ドラマだ。敵に囲まれて絶体絶命！ と思ってページをめくると、次の見開きで大逆転！ そんなどんでん返しが果てしなく続いて、本当に面白い。

この傑作で忘れられない人物といえば、王騎《おうき》将軍だろう。「ンフフフ 相変わらず大雑把な戦いぶりですねェ」などと、穏やかなおネエ言葉で話す特異なキャラだが、この人こそは、かつてその名を轟かせた「秦《しん》の六大将軍」最後の生き残り。敵国の武将たちも恐れをなして、戦いを避けようとする「秦の怪鳥」なのだ。

『キングダム』は最初から面白いが、王騎将軍が登場すると、面白さのギアが一段上がる。そしてこの人が、主人公・信《しん》に「将軍とはいかなる存在であるべきか」を伝え、華々しく戦い、静かに退場していくまでの展開は、びっくりするほどワクワクが続いて、とても感動的だ。

本稿では、この王騎将軍の武人としての強さについて検証したい。彼はズバ抜けた知将でもあり、軍の指揮にも長《た》けているが、作中でも「将軍自ら先頭を行くとき王騎軍は鬼神と化す」といわれている。つまり、彼本人がモーレツに強かった！

王騎将軍のデカさとは⁉

嬴政《えいせい》（後の始皇帝）が第31代の秦王の座についたとき、王騎将軍はすでに引退して何年も経っていた。ともに戦った仲間の多くが死に、また商人が台頭して戦が私物化されるようになったため、戦いへの情熱を失い、戦場に出なくなっていたのだ。

しかし嬴政が「中華の唯一王」を目指すと告げると、王騎の心は動いた。それまで中国全土を統一した王はいなかった。それを目指すと言った嬴政に、王騎は新しい時代の到来を予感し、再び戦いの渦中に身を置くことにしたのである。

引退して何年も経っていたのに、王騎将軍の迫力は微塵《みじん》も衰えていなかった。主人公の信が初めて王騎将軍に会ったとき、その威圧感はものすごくて、自分の何倍にも大きく見えた（そんな絵が描いてある）。信は「なっ…何だこいつは――‼（中略）強さも怖さも　でかすぎて解《わ》からねェ‼」と独白している。

このときは、威圧感もあって、より大きく見えたのだが、実際に作中の王騎将軍はどれほどの体格だろうか？　信（この頃は15～16歳）はあまり大柄ではないから、身長1m60㎝と仮定すれば、彼と将軍が並んでいる複数のコマで比較すると、王騎将軍は信の1・5倍ほどはある。――ってことは、身長2m40㎝⁉

現在の日本人男性の平均身長は1m72㎝なので、さすがに巨大すぎるのでは……という気がするが、実は別の場面でもこの体格を裏づける表現がある。

それは、コミックス第5巻に収録されている、嬴政が弟の成蟜《せいきょう》を討った戦いの終盤で、王騎が城壁から飛び降りたシーン。高さ20mほどの城壁から着地すると（↑これがすでにすごい！）、足元の石畳に「ビシッ」とヒビが入った！

ヒビの直径は1・6mほどで、石畳の厚さを10cmとすると、540kgの石が破壊されたことになる。高さ20mから飛び降りてこれだけの破壊をする体重とは、なんと280kg。そこから推測される身長は2m47cm。驚くことに、コマの描写で測った身長と同じくらいである。

この場合、王騎将軍の腕の直径は29cmということになり（一般の日本人男性は10cmほどだろう）、そこから推測される腕力は、普通の人の8・4倍。まだ戦いの様子など は考察していないのに、王騎将軍が強いのはすでに明らかだ。

日本刀の30倍も重い矛！

そんな王騎将軍は、いつも右手に「矛《ほこ》」を持っている。

矛は「柄《つか》の先に刃のついた武具」で、槍と似ているが、柄に刃を差し込んだのが槍で、刃に柄を差し込んだのが矛。つまり矛のほうが刃がデカい。

しかも王騎将軍の矛はサイズが尋常ではなく、マンガのコマで測定すると、王騎の身長が2m40cmなら、刃の長さは96cm、柄は1m89cm。両方合わせた矛の全長は2m

85cm！

これだけデカイと、重さも相当なものになる。絵で測ると柄の直径は6・4cmほどと思われ、武具に使われる頑丈なカシでできているとすれば、その重さは5・2kgだ。また、柄のうち刃に近い64cmほどは装飾のついた鉄板に覆われているので、これが推定9・1kg。柄だけで、重さ14・3kgになる。

刃は複雑な形だが、幅の平均を12・8cm、厚さの平均を2cmとすれば、刃の重量は19・4kg。柄と合わせると合計33・7kg。日本刀の重さが1kgほどだから、なんとその30倍以上である。

これほど重い棒状の物は、重心あたりを持つのがいちばんラクで、この2m85cmの矛の場合、それは中心から50cmほど刃先に寄った部分。

ところが王騎将軍は、柄の端から50cmのあたりを片手で持っている。これは中心から刃先と逆側に93cmの位置。この持ち方だと、テコの原理が働いて、実際の重さの4・8倍もの力がかかってしまう。一般的な剣や刀も柄の端のほうを持つが、それは軽いからできることなのだ。

そのうえ王騎将軍は、この大矛《おおぼこ》を片手でブンブン振り回す！

棒状の物体を振るのに必要な力は、重量だけでなく、長さの2乗にも比例する。しかも、重心が刃先に近いから、なおさらだ。計算してみると、33・7kgもある矛を振

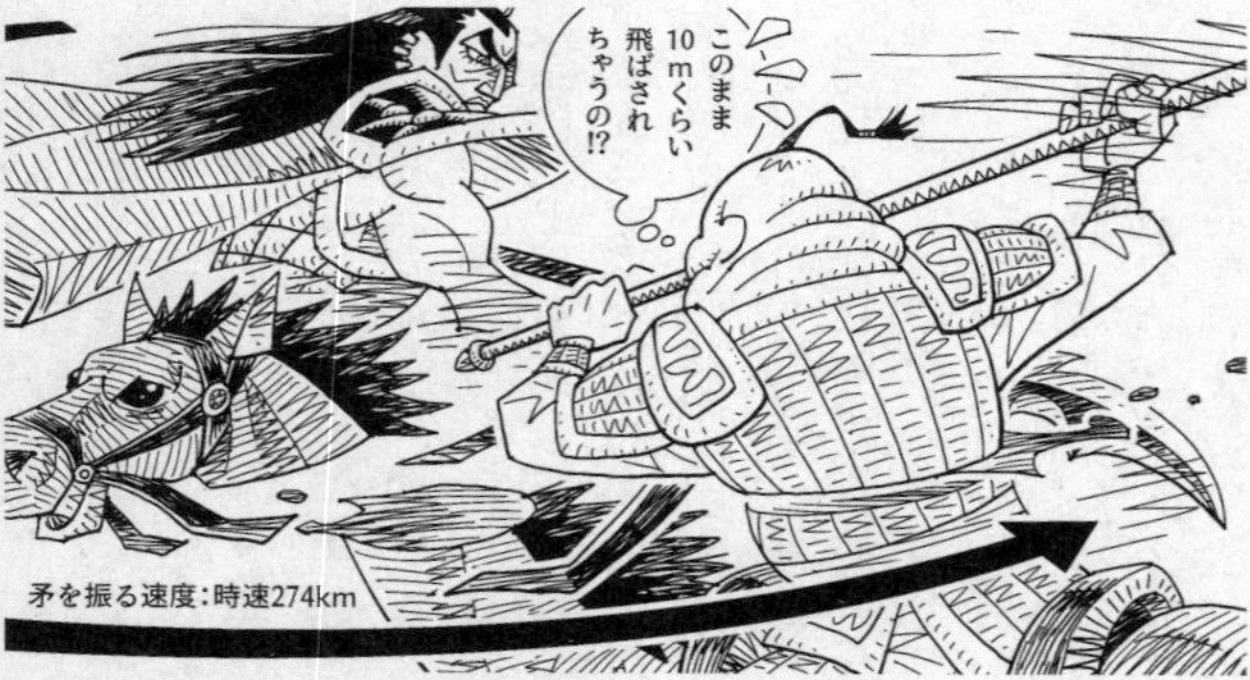
このまま
10mくらい
飛ばされ
ちゃうの!?
矛を振る速度：時速274km

[図１] 一刀両断とは、この行為を表すためにあるような言葉！

るための力は、長さ1mほどの日本刀を振る場合の410倍！　さっき「普通の人の8・4倍」と書いたばかりだけど、早くも訂正いたします……。

人間13人を輪切りに！

大矛の威力が炸裂したのは、趙《ちょう》の巨漢・渉《しょう》孟《もう》との戦いだった。

渉孟はモノスゴイ巨漢で、その強さについて、秦の鱗坊《りんぽう》将軍はこう言った。「この先もしも渉孟に出くわしたら　絶対に奴を殿に近づけてはならん　武に関して奴の強さは底が知れぬぞ」。この「殿」とは王騎のことで、つまり王騎将軍でさえ渉孟には負けるかもしれない、と心配しているわけだ。そんなに強いのか、渉孟!?

ところが王騎は、戦場に渉孟を見つけると

突進し、渉孟の矛を弾き返して、その胴体をスパッと二つに斬った！　同時に、渉孟が乗っていた馬の首もスパッと斬った！　両方とも、高さ10mくらいまで飛び上がった【図1】！

びっくりだ。いったいどんな矛の振り方をすれば、こんなことができるのだろうか。「人間の胴体を切るエネルギーを求める公式」などというモノは存在しないから、ここでは、肉屋さんが骨つき鶏モモ肉を包丁で叩き切る様子を参考に、筆者が推測で計算してみよう。

幅8cm、厚さ5cmの骨つき鶏モモ肉が、500gの包丁を時速30kmで振り下ろすとで叩き切れると仮定する。これを元に、直径80cmはありそうな渉孟の胴体と、同じく30cmほどの馬の首を斬り、さらにそれらを10mほどもスッ飛ばすには、王騎は時速274kmで矛を振らねばならない。新幹線なみのスピードだ！

もっとすごいシーンもあって、趙荘《ちょうそう》軍との戦いでは、大矛の一振りで13人ほどの兵士の首をスパパッと斬って、宙に飛ばしていた。これに必要なスピードは、なんと時速475km。オソロシイ。どんだけ強いんだ、王騎将軍！

──しかし『キングダム』では、これほどスゴイ人が戦いで命を落とすのだ。

「なんで!?　オレの推《お》しを殺さないで！」と言いたくなるけど、史実に沿った物語だからどうしようもない。王騎将軍も実在した人で、紀元前244年に亡くなってしまったのだ。無念である……。

なお、『キングダム』第1話の冒頭には、成長した主人公・信の姿が描かれているが、そこで彼が持っているのは、王騎将軍から譲られた大矛だ。受け継がれた思いにしみじみ感動してしまうが、よく見ると、体の小さな彼は王騎将軍のように柄の端を持たず、刃に近い部分を握っている！　なんて細かな描き分けだろう……！　ワタクシはここにも感動してしまいました。

『吸血鬼すぐ死ぬ』のドラルクは、すぐ死ぬけど、すぐ生き返る。それを繰り返して、体は大丈夫か？

空想上の怖いキャラの定番・ヴァンパイア。その原点はアイルランドの劇評家ブラム・ストーカーが1897年に書いた小説『吸血鬼ドラキュラ』だという。筆者も角川文庫版(訳・田内志文)を読んでみたことがあるのだが、かなり怖かった。

トランシルヴァニアのドラキュラ城に住む伯爵は、全身黒ずくめで、鋭い歯、とがった耳、細いががっしりした頰を持っている。最初は白髪《はくはつ》の老人だったのに、血を吸うと髪が黒くなり、若返っていく！　その姿は鏡に映らず、ドアの隙間から侵入し、目を開けたまま眠る！　十字架とニンニクが弱点だが、心臓に杭を打たないと死なない！　ドラキュラに血を吸われた者は、吸血鬼になる！　思い出すだけでオソロシイ。

かなりの長編で、筆者が読んだ角川文庫版は672ページ。そして、太陽の光を浴び、首を落とされ、猟刀を心臓に突き立てられて、ついに「私たちの目の前で伯爵の体が崩れ去り、塵《ちり》となって風に消えていきました」となるのは、終わりの数ページ前。それまでは、なかなか死なない吸血鬼とのコワイ攻防が延々と続くのである。

ところが、この作品から約120年ほど後、2015年に連載が始まった『吸血鬼すぐ死ぬ』では、タイトルどおり吸血鬼がすぐ死ぬ！　第1話では、スタート直後の3ページ目で死んで、復活したと思ったら6ページ目で死んだ！　7ページ目でも死んで、10ページ目でも死んで、16ページ目でもまた死んだ！

こんな調子で、死んで死んで死にまくるのが、『吸血鬼すぐ死ぬ』の吸血鬼ドラルクなのだ。「全身黒ずくめで、鋭い牙、とがった耳」など、外見はブラム・ストーカーの吸血鬼のイメージそのままなのに、どうしてこんなに違うんだ⁉

傘が高くて死んでしまう

あまりにすぐ死んでしまうので、コミックス第1巻の欄外に「1巻でドラルクは合計何回死ぬでしょうか？」というクイズが載っている。答えは、オドロキの58回！以降、これはこのコミックスの定番ネタで、2巻は63回、3巻は43回、4巻は45回、5巻は22回……という具合に、各巻にドラルク死亡回数が掲載されている。

具体的にどんな理由でドラルクは死んでしまうのか？

記念すべき第1回目の死亡では、吸血鬼退治人《バンパイアハンター》ロナルドがドラルク城に乗り込んで、勢いよくドアを開けると、壁際に立っていたドラルクがドアに挟まれ、灰になって死んだ。2回目はロナルドに銃を向けられただけで死んだ。3回目はロナルドの軽いチョップで死んだ。4回目は子どもに向こう脛《ずね》を蹴られて死んだ。5回目はまたチョップで死んだ。6回目と7回目と8回目は、自分の装置が放ったビームで死んだ。9回目は自分が仕掛けた毒ガスで死んだ。10回目は窓から飛び降りる恐怖で死んだ。11回目は城が破壊されたショックで死んだ。12回目は朝日を浴びて死んだ。

なんともケタタマシイ死にざまである。このうち、吸血鬼っぽい死に方は「朝日」の1回だけ。「ビーム」や「毒ガス」は人間も死ぬかもしれないけど、あとは、わずかな衝撃や恐怖などによって死んでいる。メンタルが超ヨワイ！

しかし、これらはまだ死因としてマシなほうで、コミックス第15巻の「死ね死ね吸血鬼ドラルク!!!」という話はすさまじい。1話のなかでドラルクは実に99回も死ぬのだが、そこでの死因をいくつか挙げると……。

ガムを踏んで死ぬ。石につまずいて死ぬ。靴擦れで死ぬ。蚊に刺されて死ぬ。目にゴミで死ぬ。目薬で死ぬ。イヌ見て死ぬ。ネコ見て死ぬ。雨降って死ぬ。コンビニ行ったら傘が高くて死ぬ。ファミレスが混んでて死ぬ。パンケーキが薄くて死ぬ。隕石が落ちてきて死ぬ……と、もうありとあらゆる理由で死んでしまうのだ。すごすぎる！

吸血鬼は「脱分化」する!?

ドラルクは、なぜこんなにカンタンに死ぬのだろう。

死因が太陽の光だけなら、「太陽の熱で水分が蒸発する」「紫外線で細胞が破壊される」なども考えられるが、「ガムを踏んで死ぬ」とか「コンビニ行ったら傘が高くて死ぬ」というのは、絶対にそれらとは無関係であろう。

気になるのは、ドラルクは死ぬとき、必ず灰になることだ（砂や塵かもしれないが、いずれにしても粉末状）。人間の肉体は、水分が体重の60％を占め、以下タンパク質18％、脂肪18％、ミネラル（体に必要な鉱物）4％……という構成になっている。遺体を火葬すると、水分はすべて蒸発し、またタンパク質や脂肪の大部分も燃えてしまうから、骨などの2〜3kgしか残らない。

死ぬや否や灰になるということは、少なくとも水分は蒸発するのだろう。「50kg以下」だというドラルクの体重を45kgと仮定すれば、水分を除く40％とは18kgだ。コミックス第4巻で、灰になったドラルクはミカン箱に詰められて郵送されていたが、作中の描写からこの箱が30㎝×40㎝×20㎝（よくある平たいミカン箱サイズ）だとしたら、最大で24Lが入る。灰の密度は1Lあたり1・6kgだから、重さにして38・4kgの灰が入るわけだ。なるほど確かにミカン箱で充分に郵送できますな。

「死ぬ→灰になる」をもう少し科学的に（&強引に）考えるなら、自然界には「脱《だっ》分化《ぶんか》」という現象がある。われわれ多細胞生物の体はさまざまな種類の細胞でできているが、DNAはすべて同一だ。同じDNAの別の部分が活性化することで、それぞれ特徴のある細胞になる。これが「分化」で、逆に何らかの作用で、分化する前の細胞に戻るのが脱分化だ。

イモリは、体の一部を切除されると、切り口の細胞が脱分化し、そこから再分化し

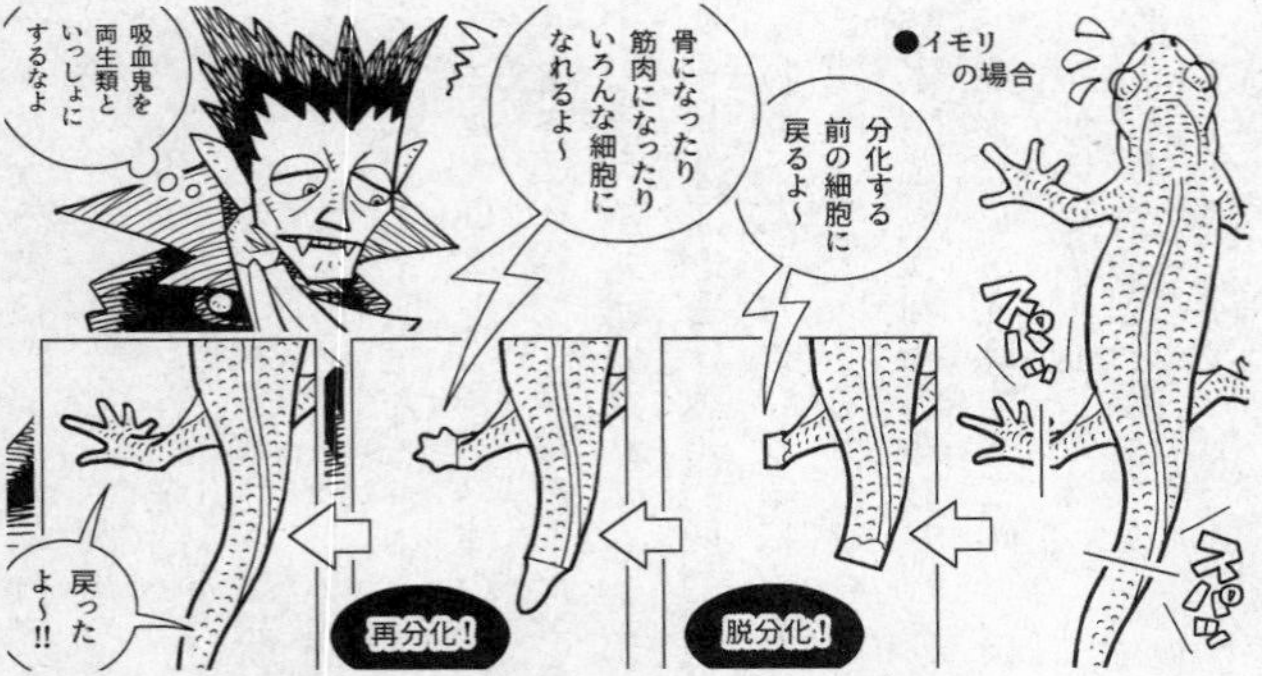

[図1] イモリの再生は、吸血鬼の復活に関係がある……のだろうか？

て失われた器官が再生する。トカゲの尻尾は骨までは再生しないが、イモリは骨も再生する。そのうえ、足や尻尾はもちろん、あご、目のレンズ、心臓までも再生する！

ここから考えると、ドラルクは些細なことで全身の細胞が瞬時に脱分化するのか？　その脱分化した細胞が灰!?　そしてたちまち再分化して再生する……とか**[図1]**!?

ただしある実験によると、足を切断したイモリは、再生後の運動能力が切断前より落ちたという。再生の王者イモリでも、その再生は完璧ではないということだ。

もしドラルクも同じなら、死亡⇓再生を繰り返すと、だんだん弱くなる!?　いまでも充分に弱いのに!?　やっぱり心配なドラルクの「すぐ死んで、すぐ再生」能力である。

半世紀前の『ウルトラマン』の雑誌の記事がモーレツに面白い！

うはは っ、モノスゴク楽しい本を見つけましたぞ。『ウルトラマン画報』(円谷プロダクション監修/講談社)というタイトルで、発行は2015年なのだが、内容は1960年代の雑誌「少年マガジン」と「ぼくら」のウルトラマン関連記事を集めたものだ。

筆者が子どもの頃にも、小学館の学年雑誌などに「ウルトラ兄弟の成績表」などウルトラ関連の記事はいっぱい載っていて、宿題もせずにむさぼり読んだものだった。しかし、この本に収録されている記事はそれらよりも古い。最初の『ウルトラマン』のテレビ放送が始まったばかりの頃のもので、筆者も読んだことのなかった記事ばかりである。

これがモーレツに面白い! 当時の革新的な特撮番組だった『ウルトラマン』の魅力を伝えようと、やたら「熱い」記事が展開されているのだ。もう半世紀以上前の記事なのだが、あまりに楽しいので、ここでぜひ紹介させていただきます。

科学特捜隊のオソロシイ訓練

『ウルトラマン』では、怪獣が出現すると、正義のチーム・科学特捜隊が即座に出動。

攻撃機ビートルやスーパーガンで懸命に立ち向かうが、あまり効き目がない。そのうちハヤタ隊員もやられてしまった……と思われたとき、ウルトラマンが登場――というのが基本のパターンだ。

このような番組の構成上、どうしても科学特捜隊は引き立て役になってしまうのだが、この本に載っている記事は、科学特捜隊を熱くリスペクトしている。

たとえば、「10万人にひとり！　科学特捜隊員への道」（週刊少年マガジン66年10月16日号）という記事。科特隊の隊員になるためには、3年間の厳しい訓練が必要で、その実態を紹介している。

1年めは「基本教育」で「①うっそうとした森の中の学校にねとまりして、大学までの学科をぜんぶおそわる。②毎週日曜日にテストがあり、いつもオール5をとらないと、たちまち落第する」。

大学までの学科を全部！　科学も工学も法律も経済も文学も、ひょっとしたら医学も！　そして日曜日にテスト！　いつもオール5じゃないと落第！　なんてキビシイんでしょーか。

2年めは「怪獣教育」。これで筆者が驚いたのは、ビートルを使って「少量の燃料で、月への往復テストをする。軌道をはずれると地球に帰れなくなる」というもの。それで死んじゃった人はいないのか、心配になってくる。

3年めの「しごき教育」はさらにすごい。「①窓などなにもない鉄の部屋で朝食だけで1か月暮らし、根性をつける。②耐久力をつけるため、24時間ジェットコースターにのりつづける」。うははは っ、ハヤタ隊員とか、ホントにそんな訓練を受けたのか。1回3分のジェットコースターだと480回も連続して乗ることになってしまうのだが……。

ところが、これで驚くのは早かった。「ホシノ少年はこうして隊員になった」（ぼくら67年1月号）という記事がすごい。ホシノ少年というのは、最初のうちは単に基地に出入りしていた子どもなのだが、途中で活躍が認められ、隊員になった（が、そのうちなぜか登場しなくなる）。その記事でも、3年めのしごきのことが書いてあり、その一つが「乗りづめテスト」。なんと「1ヵ月間、ビートルに乗ったまま生活する」。24時間どころか、1ヵ月間も乗りっぱなし！

さらに驚愕《きょうがく》は「あるきつづけテスト」で、「時速20キロのベルトの上で、40時間やすまずあるく」。ホントーですか、それ!? 時速20kmは、一流のマラソン選手のスピード。それで40時間も歩いたら計800kmで、東京から福岡まで行ってしまいます！

その作戦で勝てるのか!?

そんなキビシイ訓練に耐えてきた隊員たちは、怪獣にどう立ち向かうのか？

「科特隊の怪獣たいじ10大作戦」（ぼくら66年12月号）には、さまざまな怪獣退治策が紹介されている。たとえば「おとり作戦」というのは「巨大な怪獣のぬいぐるみをつくり、岩場のもけいのそばにおく。すると怪獣はなかまがいると思って近づく。そこをいっせいに射撃してやっつける」。大学のあらゆる学科を勉強して、オール5を取り続けてきた人たちが考えたのが、そんな作戦!?

「巨大おとしあな作戦」は「ふかさ百五十メートルぐらいの大きなあなをほり、ふたをして草をうえたり、うすいアスファルトをしいておく。そこに地雷をしかけておくから、怪獣がおちると大ばくはつを起こす」。怪獣が穴の上を通ってくれるといいんだけど……。

だが、彼らが勇敢なことは確かなようで、「ミクロ作戦」では「怪獣のすきなたべものの中に隊員がかくれて、怪獣のからだの中へはいり、内部からやっつける」という。記事のイラストを見ると、隊員が武器と薬品を持って牛の体内に入っており「怪獣がウシをたべるのをまつ」。怪獣と戦う前に、牛の胃液に溶かされないことを祈ります。

さらにすごい作戦が「ロケットうちあげ作戦」。これは大仕掛けである。「怪獣のとおりそうな道に、地下ロケット基地をつくり、怪獣がその上をとおるときをねらって発射。いもざしにしたまま、宇宙まではこんでしまう」。

で〜っ、怪獣をロケットで芋刺し！「芋刺し」というのは、刺し貫くことだが、そのまま宇宙へ運ぶのがすごい。現在、最大の打ち上げ能力を誇るH－ⅡBロケットでもペイロード（運べる重さ）は19t。怪獣は体重が何万tもあるから、その数千倍のロケットが必要だ。そんなロケット、怪獣にぶつけたりしたら、芋刺しにする前に大爆発！　甚大な被害が生じる可能性がある。怪獣を暴れさせておいたほうが被害は少ないと思うな〜。

怪獣を利用しようという姿勢

また、「怪獣の利用」を考える記事も目につく。科学特捜隊やウルトラマンの活躍で怪獣をとらえ、人類の役に立たせようという積極的な発想のようだ。

「ウルトラ怪獣の超能力利用法」（週刊少年マガジン66年10月16日号）によれば、

「ペスターの輸送船。石油が大すきな油獣ペスターには、石油をはこんでもらう」

「マグラのトンネル工事。あなほり世界一の地底怪獣マグラにトンネル工事をさせる」

「ペギラのクーラー。真夏のあついときに、冷凍怪獣ペギラに冷凍光線を吐いてもらって、きみのいる町を冷房都市にしてもらう。だいたい東京都くらいの広さのところがぜんぶ冷房になる」

「カネゴンの貯金ばこ。何億円でもたまるが、お金をとりだす方法がわかっていない」

わわーっ、最後のカネゴンのヤツはまだ実用化の段階にありません！

「こうして利用できるウルトラ怪獣の超能力」（週刊少年マガジン67年1月29日号）では、さらに面白いアイデアがいろいろ述べられている。

たとえば「ブルトンの地震よけ」。「ブルトンは、四次元振動で地上のものを空中にうかすことができる。この超能力を生かして、地震のあるときに出動させ、地震のおわるまで街を空中にうかせておいてもらう」。ビルは岩盤に打ち込んだ杭に固定されているが、その杭も引っこ抜くの？　その後がかえって大変そうだが……。

また「ケムラー殺虫器」も豪快で「ケムラーは強力な毒ガスを武器にしている。ケムラーを、害虫で困っている田や畑につれていき、とくいの毒ガスをブオーッとひとふき、ふきかけてもらう。害虫は3年間よりつかなくなる」。それは人間も寄りつけなくなる！

いろいろな意味でスゴイと思ったのは「ガボラ、ネロンガの原子力発電所」。これは両怪獣の特性を活かす発想で「ガボラはウランを食べてエネルギーを出し、そのエネルギーをネロンガが電気にかえる。つまり、怪獣の原子力発電所ができるわけ。だが、ネロンガとガボラをつなぐのがむずかしい」。実用化はキケンすぎますなー。

[図1] 子どもの頃、ホントにこんな場面があったら泣いたと思う

怪獣たちの作戦がエグイ!

記事は、ウルトラマンの作戦にも言及している。スペシウム光線など定番ワザはもちろん、その他も細かく紹介している。たとえば「ウルトラマンの新戦法」(ぼくら67年1月号)の「ウルトラあござき」は、「怪獣のきばのあいだにうでをいれ、上あごと下あごをひきさく」。むえ～、ちょっと残酷だよ～**[図1]**。「ウルトラ全身発光戦術」は「強力自家発電で、からだを太陽の2倍の明るさに発光させる」というもので、それによって「怪獣の目をつぶし、やきころす」。これも残酷ですな。面積あたりの明るさが太陽の2倍だとすると、体の表面温度は6600℃。半径1・3km以内が、木材が発火する300℃以上に加熱され、大火災が発生する。街が大迷惑! ウルトラマンにはその技の使用は、思いとどまっ

てもらいたい。

対する怪獣たちも負けてはいない。「二大怪獣ウルトラマンげきめつ作戦。（ぼくら67年3月号）」では、バルタン星人と怪獣ケムラーが、対ウルトラマン用の作戦を披露している。

バルタン星人の作戦の一つは「しゅう気ガス作戦」。これ「臭気ガス」のことらしく「科特隊本部に、しゅう気ガスをふきこみ、はなをつまんでにげるところを、熱線でやっつける」という文章の横に、ウルトラマンが鼻をつまんで逃げる絵が描かれている！

ネーミングが秀逸なのは「ひやしやき作戦」。バルタン星人は左右のハサミから別々の光線を発射できるようで「左のはさみで冷凍液、右のはさみで熱線をあびせ、ウルトラマンをひやしたりやいたりする」。物体に加熱と冷却を繰り返すと、各部の膨張率の違いでボロボロになる。まことに科学的な作戦であり、実際にやってほしかった！

ケムラーもいろいろな作戦を考案しているが、筆者が驚いたのは「いもざし作戦」。ケムラーには硬い甲羅と長いシッポがあるのだが、それらを活かす作戦で「坂道を、超スピードですべり、いっきにウルトラマンを、いもざしにしてしまう」。また芋刺し！　そして、この文章の横には、ケムラーのシッポで胸を貫かれたウルトラマンの絵が……！

——などなど、いずれの記事も楽しく、『ウルトラマン』の世界を広げようとする熱い気持ちが伝わってくる。筆者の『空想科学読本』もそうありたいものである。

動物や植物が、あまりにもバラエティ豊か！『あつまれどうぶつの森』の島はどこにある？

『あつまれ どうぶつの森』については、角川文庫『空想科学読本「高い高い」で宇宙まで！』でも検証した。

プレイヤーが無人島に移住して、崖を崩したり、川や滝を作ったり……という土木工事を行うとき、その手段がスコップなのだ！ 島の地形を大きく変えて、自分好みの街を作ろうと思ったら、普通はショベルカーやブルドーザーなどの重機を使うけど、『あつ森』の住人たちにそんな楽チンは許されず、あらゆる作業をスコップ1本で行う。なのにモーレツに速い！ どうなってるんだ⁉

そんなビックリ現象を検証したところ、ただでさえ多かった『あつ森』に関する質問が、さらにいっぱい来るようになった。でも筆者はゲームが苦手なので、あんまり検証しないでいたんだけど、届く質問があまりにオモシロイので、もうガマンできなくなりました。だって「果物を植えると、花も咲かずに4日程度で成木になり、実が成ります。生長速度が速すぎませんか⁉」とか「池にサメやリュウグウノツカイを放しても、すぐに消えてしまいます。どうなっている⁉」という質問が続々なんだよ。オモシロすぎる！

なかでも筆者が大笑いしたのは『あつ森』の島は、どこに位置していると考えられますか？　クリオネからヨナグニサンまでさまざまな動物が獲れて、しかも年中フルーツや花が採集できるんですが……」という質問。

わははは。それはすごい。そんな島があるとしたら、それはいったいどこでしょう!?　確かに気になる！

シュモクザメとタラバガニが同居!?

『あつ森』における島は、正方形の「マス」で作られていて、境目の海も含めると96マス×112マス。人間と比較すると、1マスの大きさは、縦横1mほどだから、ざっくり100m四方といった感じだろう。ちょっと広めの校庭くらいだ。

自然界には「種数－面積関係」というものがある。「面積の小さな島ほど、生物の種の数は少ない」という法則で、面積が小さいほど新しい種が生まれにくく、現存する種が絶滅しやすいからだ。すると面積が1万㎡しかない島には、動植物の種類も少なそうに思われるが、ところがどっこい『あつ森』の島は動植物がメチャクチャ豊かなのだ。

たとえば近くの海には、イシダイがいて、ヒラメがいて、カレイがいて、シュモクザメがいて、ジンベエザメもいて、エンゼルフィッシュもいて、タラバガニもいて、クリオネまでもいる。さらには、メンダコや、リュウグウノツカイさえも……！　これはなかなかスゴイ顔ぶれだ。

タイは岩場、ヒラメやカレイは砂地という違いはあるが、世界中に分布している。これらの魚だけでは、島がどこにあるのか判然としない。有力なヒントは、シュモクザメやジンベエザメがいること。これらの魚は暖かい海に広く生息するから、島は熱帯、亜熱帯、温帯あたりにあるのでは……という気がしてくる。

ところがタラバガニが棲《す》むのは水温が0〜8℃くらいの海で、日本では北海道近海にしかいない。ベーリング海や北極海など冷たい海に棲むヤドカリの仲間なのだ。クリオネに至っては「流氷の妖精」と呼ばれるくらいで、北極圏を含む北太平洋と北大西洋、南極圏の寒流などに棲んでいる。日本だと、1年じゅう見られるのは、北海道の沿岸と富山湾だけである。

つまり、校庭くらいの小さな島の周囲にシュモクザメとタラバガニがいるというのは、とってもナゾな話ということだ。

その島は暑いのか寒いのか？

これに昆虫の生息状況を考え合わせると、ますます不思議な話になる。ヨナグニサンや、コーカサスオオカブトがいる！

ヨナグニサンは、翅《はね》を広げた幅が24㎝にもなる世界最大級の鱗翅目《りんしもく》（チョウやガの仲間）で、インド、ヒマラヤから東南アジア、中国南部、台湾の森林に棲み、日本では、与那国島、西表島《いりおもてじま》、石垣島にしかいない。コーカサスオオカブトは、インドネシアのスマトラ島やジャワ島、マレー半島など東南アジアに生息し、しかも多くは標高千mを超える高地に棲むという。

さらに川には、ブルーギル（原産地・北アメリカ）、ブラックバス（北アメリカ）、ティラピア（アフリカ、中近東）、ガー（北アメリカ、中央アメリカ）など、特定外来生物（人間が持ち込んだ外来種のなかで、環境を破壊するおそれがあると環境省が指定したもの）が多い。環境の破壊が心配になるが、それらは日本に持ち込まれたから特定外来生物なのであって、原産地では在来種である。『あつ森』の島はもともと無人島だから、それらの魚は最初からいたのだろう。北アメリカとアフリカの魚がいっしょに棲むって、それはどこ⁉

そして、標高や深度のことまで考えると、ますます不可解である。前述のように、コーカサスオオカブトがいるとなると、標高千mを超える山地がある可能性が高い。島の周囲は100m四方くらいしかないのに標高千mって、まるで針みたいな島ということ⁉

また、周辺の海で不思議なのは、浅い海に棲むウツボ（水深60mまで）やハナヒゲウツボ（水深50mまで）と、深海魚のチョウチンアンコウ（水深200～800m）や

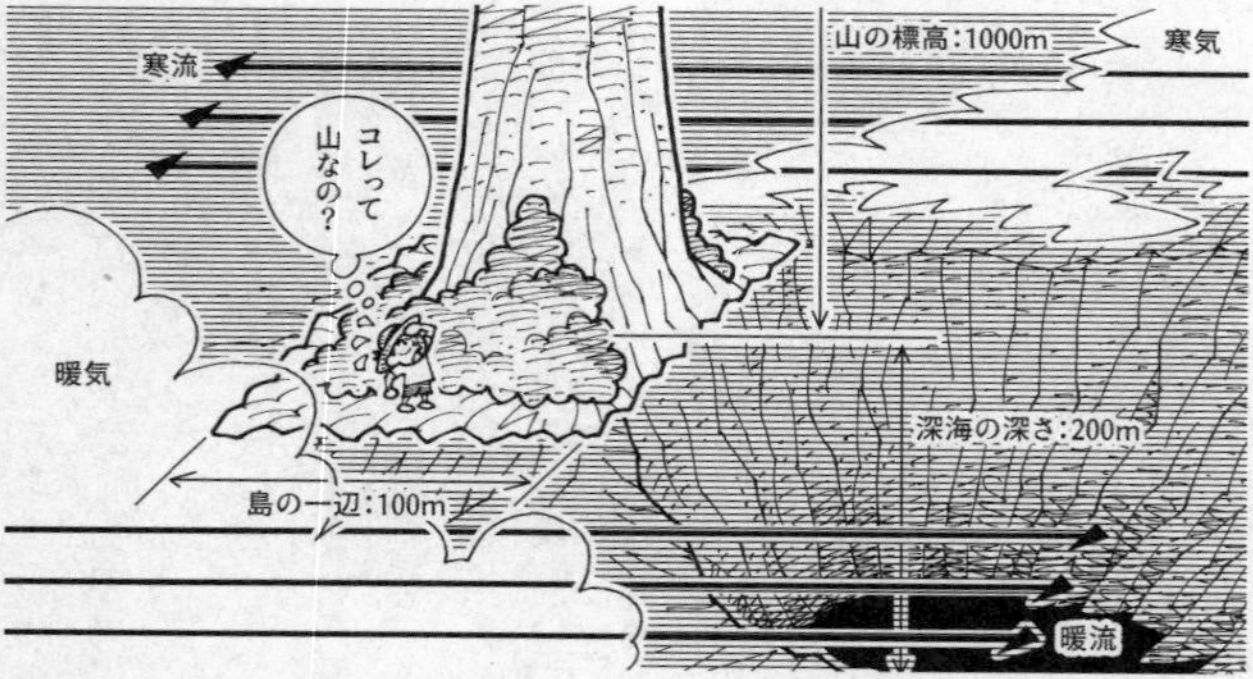

［図1］さまざまな動植物が、これほど過酷な環境の島で生きている

リュウグウノツカイ（水深200～千m）が同じ海で獲れること。深度200m以深は「深海」といわれるけど、この島の周囲は少し浅瀬があって、その先はすぐに深海になっているのだろうか？　日本の場合、富山湾は海岸のすぐ近くから深海になっていて、最深部は千mを超えるが、それはプレートの沈み込み帯があるから。『あつ森』の島の近くにもそれがあるのか、地質学的な歴史がまことに気になりますなあ。

さて、これらの状況をまとめると、どうなるか？　前述のとおり『あつ森』の島には標高千m級の山がある可能性が高く、一方で近海には深度200mを超える深海がある。山と海を合わせると、少なくとも1200m以上の標高差があるわけで、山から海に至る斜面は、絶壁のようになっているのかもしれない。滑り落ちたら最期……の、想像するだけでオソロシイ島だ【図1】。

そして、この島が北半球にあるとしたら、島の北側はタラバガニやクリオネが棲む極寒の海で、南側はシュモクザメやジンベエザメが回遊する暖かい海ということになる。南北たった100mの島をはさんですごい温度差の海が混じり合うことなく広がっている？　北側の寒流と南側の暖流が、あいだの穏やかな海をはさんで、東西逆向きに流れている……のだろうか。

そんな極端な海域に挟まれていたら、島の上空では、冷たい空気と暖かい空気が常にぶつかり合って、暖気が寒気に乗り上げて渦を巻き、嵐のような大荒れの天候になっているに違いない。標高千mの山には常に稲妻が轟き、逆巻く猛風と豪雨が春夏秋冬やむことはない……。

島がどこにあるのかは特定できないんだけど、とてもキビシイ環境で、こんなところに移住する『あつ森』のヒトビトは、モノスゴクたくましい！　と感服いたします。

『鬼滅の刃』の我妻善逸は、眠ったときだけ強くなる！
そんなことがあり得るだろうか？

我妻善逸《あがつまぜんいつ》は底抜けのヘタレである。

たまたま道で出会った少女に「頼むよ 頼むよ!! 頼む 頼む 頼む!! 結婚してくれ いつ死ぬかわからないんだ俺は!!」と、意味不明なムチャ振りをしたかと思うと「俺はな もの凄く弱いんだぜ 舐めるなよ」と、まるで自慢のように弱さをアピールする。

鬼に遭遇したときには「ア――――ッ(汚い高音)来ないでェ!! 来ないでくれェ!! やめて――――ッ!!!」と叫んで必死に逃亡し、それどころか、ケガの治療で薬を飲むだけでも「三か月間 飲み続けるの この薬!?」「すげぇ苦いんだけど つらいんだけど」と大騒ぎ。ここまで情けなさをダダ漏れさせているヒトも珍しい。

ところが、そんな善逸が強くなる! そのきっかけは「眠り」。あまりの恐怖に眠りに落ちてしまうと、とたんに猛然と強くなるのだ! コミックス第3巻で初めて眠りに落ちたときには、猛スピードで突進して、鬼の首をスポーン! いきなりカッコよくなって、あれには本当に驚いた。

考えてみれば、彼も鬼殺隊に入隊できたのだから、強いのは当然だ。その「最終選別」では、鬼がウョウョいる藤襲山《ふじかさねやま》で1週間生き延びる……という過酷な試験をパスしている。

しかし、不思議である。寝ると強くなるとはナニゴト!? 普通は反対で、眠ってしまったらモーレツに弱くなるのではないか……!?

これはもう、ぜひとも科学的に考えてみたい。眠ると強くなる我妻善逸のヒミツについて。

落雷で金髪になることはあるか？

善逸の外見上の特徴は金色（黄色）の髪の毛だが、これも彼のヘタレとおおいに関係がある。育手《そだて》の「じいちゃん」の訓練を受けていた頃、あまりにツラかったので木に登って稽古《けいこ》を拒否していたところ、その木を雷が直撃！ その影響で金髪になったというのだ。いかにも善逸っぽい悲運のエピソードだが、落雷で髪が変色することなどあるのだろうか？

美容院などでは、黒い髪を金髪に変えることができるが、あれは髪を「染めて」いるのではなく「脱色」している。使用するのは、過酸化水素を含んだ薬品。過酸化水素は、活性酸素の一種で、メラニンを破壊するため、髪から黒色が失われ、栗毛や金髪に変わるのである。

したがって、モーレツに強引に考えるなら「落雷によって活性酸素が発生した」ということだろうか。水に電流を流すと、電気分解によって水素と酸素に分かれるが、雷の莫大なエネルギーによって活性酸素も発生し、メラニンを破壊した……とか？

この考え方、可能性はまったくゼロではないかもしれない。だが、日本人の髪は10万本もある。その1本1本に、水が電気分解するほどの電流が流れたら、頭皮で合流してモノスゴイ大電流となってしまうのでは!?

いや、そもそも登っていた木に雷が直撃なんぞしたら、「全身に電流が流れ、筋肉が痙攣《けいれん》して呼吸が麻痺」「空中放電のスパーク（火花）やアーク（持続する放電）で大火傷」など多大なダメージを負う。なかでも後者の温度は、骨も溶ける２５００℃！それでも死なずにすんだのが、驚異的にすごい。

稀に見る耐電体質であり、そんな人なら、髪の毛で電気分解を起こして金髪化……もあり得るかもしれない。

弱いのか、強いのか

さて、眠ると強くなるフシギについてである。この不可解な強さを、善逸が初めて見せたのは、鬼どもが巣くう屋敷においてであった。

少年を守らなければならないが、鬼が怖い。「膝にきてる 恐怖が八割膝に!!」となって、逃げることさえできない。それでも「俺が何とかしなくちゃ 俺が守ってあげないと可哀想だろ!!」と思うが、「でも俺はすごく弱いんだよ 守ってあげられる力がないの」と気持ちがぐるぐる回り始める。

そこへモーレツに不気味な鬼が迫ってきて「ぐひひっお前の脳髄《のうずい》を耳からぢゅるりと啜《すす》ってやるぞォ」と言ったとき、限界を超えた。ばったり眠りに落ちる善逸。ナレーションによれば「善逸の中で恐怖と責任感がはじけた」。

そして、鬼が笑い、少年が絶望したそのとき、善逸は反撃に出た。目にも留まらぬ速さで鬼の舌を叩き切り、「雷の呼吸 壱ノ型 霹靂一閃《へきれきいっせん》」と唱えるや、鬼の首を両断！ 先ほどまでとはまるで別人だ。

ところが、別人のようにカッコいいのは、眠りながら戦っているときだけだった。鬼の首が落ちる音で目が覚めた善逸は「ギャ――ッ 死んでる」と絶叫。自分が何をしたのか記憶になく、少年が鬼を倒したと思い込んでお礼を言う。たちまち臆病な善逸に戻っている……！

弱いのか強いのかよくわからないが、眠っているあいだの行為を見ると、確実に強い。たとえば前述の場面、マンガの描写では低軌道で4・5mほど跳んでいる。一見、地味だけど、科学的には恐るべきジャンプだ。最高高度が10㎝だったとしたら、時速57㎞で跳んだことになり、このヒト、真上にジャンプすれば13mも跳び上がれるハズなのだ！

ちなみに、高校生の垂直跳びと50m走の平均の記録から、「人間が走る速度は離陸速度の2倍」という法則が見出せる。すると善逸の走る速度は、離陸速度の2倍の時速113km(数値のズレは四捨五入のため)。チーターと同じであり、100m走のタイムは、なんと3秒17。眠ると本当に強くなる男なのだ。

活躍するのは、ノンレム睡眠中?

しかし不思議である。人間は眠ると、外からの情報がまったく入ってこなくなり、体も動かせなくなる。当たり前だが、人間は眠ると弱くなる。というか、戦力はゼロになる、普通だったら。

興味深いのはナレーションの解説である。「眠ると強くなる男 我妻善逸 普段は緊張や恐怖で体が強張《こわば》り うまく動かせない… 命の危機を前に緊張・恐怖が極限を越えると 失神するように眠りに落ちる」。

なるほど、本来はすごい運動能力を持っているのに、緊張や恐怖で体がこわばり、能力が発揮できない。でも、眠ることで緊張や恐怖を感じなくなり、体が自由に動いて、本来の強さを発揮できる——ということだろう。これは納得できる話かもしれない!

人間の眠りには「ノンレム睡眠」と「レム睡眠」がある。眠りに就くと、まず脳の

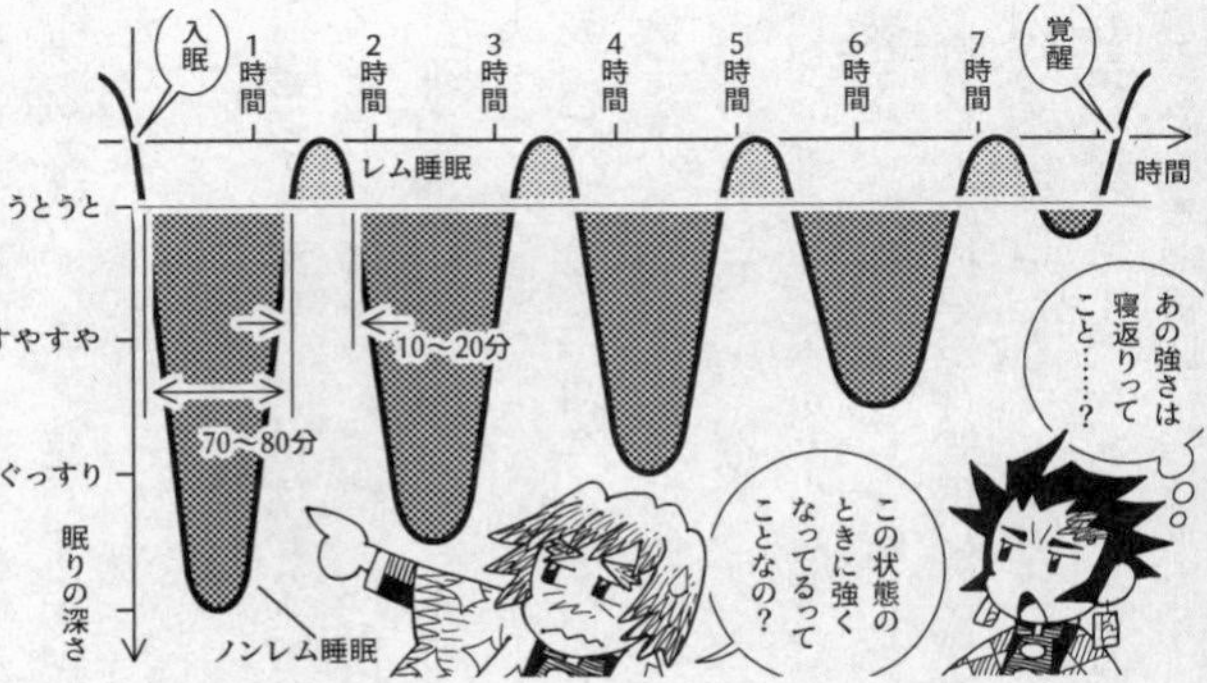

[図1] ノンレム睡眠のときに善逸は強くなる……のだろうか？

眠りである「ノンレム睡眠」に入る。このとき、体は完全に眠っていなくて、寝返りを打ったりする（電車で寝ている人が座った姿勢を保てるのも、ノンレム睡眠だから）。これが70〜80分続いたのち、体の眠りである「レム睡眠」に移る。このとき脳は半ば起きていて、昼間に集めた情報を整理している。これが「夢を見る」ということで、意識はあるのに体が動かない「金縛り」になるのも、このレム睡眠のときだ。レム睡眠は10〜20分続き、これが終わるとまたノンレム睡眠に入る。こうして、合計90分＝1時間半のノンレム睡眠とレム睡眠を4〜6回繰り返す。これを善逸に当てはめて考えると、彼が活躍するのはノンレム睡眠のときだろう**[図1]**。

ただし「脳は完全に眠っているが、体は完全に覚醒している」という、モノスゴク特殊なノンレム睡眠。そういうモノがあるのかどうかわかりませんが、あるとしたら、緊張も恐怖もまったく感じずに、その身体能力を余すところなく発揮できる……のではないだろうか？

善逸の「眠り」とは何か？

まあ、結論を急がずに、他の場面も見てみよう。

那田蜘蛛山《なたぐもやま》での戦いで、善逸は蜘蛛の鬼に嚙まれ、「四半刻《しはんとき》（30分）後には蜘蛛になる」と宣告される。眠って（失神して？）木から落ちるが、落ちながら「雷の呼吸 壱ノ型 霹靂一閃」と唱え、鬼の攻撃をかわす。そのなかで、育手のじいちゃんの教えや、兄弟子の心ない言葉や、大好きな禰豆子《ねずこ》の顔……などを思い出す。そして「雷の呼吸 壱ノ型 霹靂一閃 六連」と唱えると、四方の木を蹴って、稲妻のようにジグザグに駆け上がる！ その勢いで、蜘蛛の糸で吊るされた小屋を下から上にブチ破るや、蜘蛛の鬼の首を斬った！ もうめちゃくちゃカッコいい！

マンガの描写から測定&計算すると、このとき善逸は時速252㎞ものスピードで、木と木のあいだをジグザグ移動したと思われる。その脚力で真上に跳べば、高度250mに達する！ オドロキの運動能力であり、恐怖心が取り除かれてこれが全開したら、そりゃあ善逸は強いだろう。

気になるのは、眠ってから実にいろいろな過去を思い出していることだ。すると、ノンレム睡眠ではない？　そもそも敵の攻撃をよけたりもしているし、ホントに眠ってんの？

無限列車に乗ったときには、夢を操る鬼に眠らされた。しかし、禰豆子がピンチに陥ると、眠ったまま「雷の呼吸　壱ノ型　霹靂一閃　六連」と唱え、天井と床を蹴ってジグザグに跳び回り、鬼どもを蹴散らす。そして「禰豆子ちゃんは俺が守る」と宣言。列車内の天井と床のあいだをジグザグに跳べるとはすごい反射神経だけど、もうハッキリしゃべっているキミは、本当に眠っているんですかー。

遊郭での戦いでは、眠りながら、下働きの女の子を虐待していた鬼にこう言った。「俺は君に言いたいことがある　耳を引っ張って怪我をさせた子に謝れ　たとえ君が稼いだ金で衣食住与えていたのだとしても　あの子たちは君の所有物じゃない　何をしても許されるわけじゃない」。

そんな複雑な話、睡眠中にできるんですか⁉　それに対して鬼が反論すると「自分がされて嫌だったことは　人にしちゃいけない」。まったく正論だと思うけど、会話が成立している以上、このヒトはもう絶対に起きている！

でも起きていたら、善逸の場合は緊張や恐怖で体が動かなくなるはずだ。怖い鬼に向かって堂々と説教しているってことは、善逸はやはり眠っている……のかなあ。うーん、どういうことだろう？

調べてみると、脳の中心部に「扁桃核《へんとうかく》」という神経の集まりがあり、両生類以上に進化した動物たちは、ここで「快・不快」「安心・恐怖」などの根源的な感情を生み出しているという。もしかして善逸は、緊張や恐怖が極限を超えると、この扁桃核だけが眠るのではないだろうか。だとすれば、まわりからの情報も入ってくるし、体も動かせるし、昔のことも思い出せるし、言葉も話せて会話もできる。ただし、緊張と恐怖だけは感じない！

脳については、わかっていないことが多い。ちょっと強引ですが、善逸の「眠り」とは、扁桃核だけが眠るモーレツに特殊な眠りに違いない、と筆者は推測いたします。

『ほらふき男爵の冒険』に、大砲の弾に乗って飛ぶというホラがあったけど、実現可能？

ワシはホラなんか吹いとりゃせんぞ〜
ホラ吹きと酔っぱらいは必ずそー言うのよね〜

しょくん！　わがはいが『空想科学読本』の刊行を始めて、もう30年近くになるというのに、稀代の名作『ほらふき男爵の冒険』を採り上げるのは、これが初めてですな。いやはや、大変なる油断をしたものです。

などと、すっかり男爵みたいな言葉づかいになっておりますが、久しぶりに『ほらふき男爵』の本を読み返したところ、やっぱり面白くて、腹を抱えて笑ってしまったのだ。あり得ないホラ話が次々に出てきてスバラシク楽しい。マンガやアニメには「それ本当⁉」とツッコみたくなるエピソードが結構あるけど、男爵はそれらの大先輩ともいうべき偉大なる人物なのである。

しかも、ほらふき男爵ことミュンヒハウゼン男爵は、実在した人物だ。1720年にドイツで生まれ、18歳のときロシア帝国に仕官し、対トルコ帝国（オスマン帝国）戦争にも従軍している。30歳でドイツに戻ってからは、昼は狩りを楽しみ、夜は友人たちを家に集めて、狩りや戦争などの体験談を面白おかしく話したという。それらの話があまりに楽しいというので、いろいろな人が紹介したり、大げさに脚色されて本にまとめられたり、勝手に新たなエピソードが追加されたり……ということが繰り返し行われ、やがて現在まで伝わる『ほらふき男爵の冒険』となった。

いちばん有名なのは、詩人のビュルガーによる翻案本《ほんあん》の第二版だが、それが出たのは1788年で、この頃ミュンヒハウゼン男爵はまだご健在である。生きているうちに自分が「ほらふき」として世界的に有名になるというのは、いったいどんな気分でしょうなあ？

それはともかく、本稿では男爵の山のようなホラ話のなかから、いくつかを採り上げ、科学的に考えてみたい。日本でも『ほらふき男爵』の本はいろいろな出版社から出ているけど、ここでの本文引用は『世界の名作8　ほら男爵の冒険』（編・ビュルガー監修・西本鶏介　文・平野卿子　絵・ジャン＝フランソワ・マルタン／小学館）から行った。早速その冒頭文を引用すると、「よいかな、しょくん。わがはいの話は、どれもこれもうそいつわりのない、ほんとうの話ですぞ」。うははははっ、冒頭から「本当の話」と強調していて、逆にまったく信用できません。

弾から弾に乗り換える！

まずは「わがはい、大砲のたまに乗る」という話から。

男爵は、ロシアとトルコとの戦争に、ロシアの兵士として参加する。トルコの城を包囲したロシア軍の司令官が、城の情勢を知りたがったので、男爵は自軍が発射した大砲の弾に跳び乗った！　そのままトルコ軍の城に侵入しようというわけだが、空中

[図1] 絵にすると、できそうな気がするから不思議である

で「帰りはどうしよう」と心配になり、やっぱり侵入はやめようと考える。そのとき、トルコ軍も大砲を撃ってきたので、空中でトルコ軍の弾に乗り換えて、無事に味方の陣地に帰還した**[図1]**！

わっはははは、これはすごい。『ドラゴンボール』で殺し屋の桃白白《タオパイパイ》が、自分が投げた石の柱に跳び乗って悟空のいるところまで行く……という話があったけど（角川文庫『空想科学読本「高い高い」で宇宙まで！』で検証した）、さすがの桃白白も空中で乗り換えたりはしなかった。すごいな、ほらふき男爵！

これ、実際にやったらどうなるだろう？

言うまでもなく、最初に大砲の弾に跳び乗るのがメチャクチャ大変だ。攻城戦に使われる大砲は「臼砲《きゅうほう》」と呼ばれ、口径（発射口の直径）の大きな弾を、地面から45度ほどの角度で撃ち出す。

調べてみると、当時の臼砲は、口径12cmのもので射程距離700m、口径91cmで2500m。口径が大きくなるほど、弾が飛んでいく距離も延びる。

そこで、男爵が乗った大砲の弾の直径を50cm、射程距離を2千mと考えよう。この場合、弾の重量は515kg。発射速度は秒速140m＝時速504kmとなる！　リニア新幹線（時速500km）をわずかながら超える。

こんなモノに安全に跳び乗ろうと思ったら、弾丸と同じ「速度」と「方向」で、自分も飛び出さなければならない。すなわち、大砲の後方から時速504kmで走ってきて、砲身を同じ速さで駆け上がり、弾が発射される瞬間にジャンプして弾にしがみつく！

モーレツな脚力が必要（100mを0秒71）だが、タイミングも超ムズカシイ。0・1秒でも遅れると弾は14mも前方を飛んでいくからだ。

さらに大変なのは、空中で弾を乗り換えること。両陣営からの弾が、それぞれの最高点ですれ違ったとすれば、男爵の乗った弾は時速357kmで進んでいたことになる（上昇した分だけスピードが落ちる）。トルコ軍の弾も同じなら、男爵から見ると、それは時速714kmで迫ってくる！　すれ違う新幹線の屋根から屋根に飛び移るよりも、はるかに困難である！

危険性を少しでも減らすには、真正面からしがみつくのではなく、すれ違いざまに横から抱きつくほうがいいだろう。詳細は省くが、男爵の体重を70kgとしたら、これに抱きつくために発揮しなければならない力とは2170tだ。それだけの怪力があれば、自分が乗ったのと同じ515kgの砲弾を4200m彼方《かなた》まで投げられる。大砲の射程（2千m）より2倍も遠くまで！　こんなスゴイ兵士がいたら、ロシア軍は無敵でありましょう。

投げた斧が月に刺さった！

ところが、トルコとの戦争では、相手の捕虜にされてしまったらしい。そのときのエピソードを紹介しているのが「わがはい、月へ行く」で、これまた驚くべき話が次々に出てくる。

捕虜になった男爵は、ミツバチを見張るという仕事を与えられていたが、あるときクマがミツバチを襲おうとしていた。それに気づいた男爵は、持っていた斧をクマに投げつける。びっくりしたクマは逃げていったものの、斧はそのまま飛び続ける。

「おのはぐんぐん上へ上へととんでいき、ついに月につきささってしまったのだよ」。

わはははっ、地上で投げた斧が、月まで飛んでいった⁉　まるで『ワンパンマン』のボロスみたいな行為だが、そういうことになるのは、秒速11・1km＝マッハ32・6

で投げたときだ！

話にはまだ続きがあって、斧をなくしたままではマズイので、どうやって取り戻そうか……と考えた男爵は、トルコ豆をまくことにする。トルコ豆は、早く育ち、高く伸びるのだという。そこで豆を1粒まいたところ、トルコ豆のつるは「みるみる大きくなり、まもなく三日月のはしっこにからみついた」。

これもオドロキだ。地表から月面まで37万6千㎞。その「まもなく」というのが「1時間」なら、トルコ豆が伸びた速度はマッハ307！

男爵は、つるをよじ登って月まで行き、なんとか斧を見つける。ところが、なんと豆のつるが、太陽の熱で枯れてしまった！　それでも男爵はあきらめず、「落ちていたわらくずをかきあつめ、それで一本のなわをあんだ」。こうなるともう、いったい何に驚いていいのかわかりません。月まで登っていったのもすごいし、植物のない月に、わらくずがあったのもビックリだ。

そのうえ「そのなわを三日月のはしっこにむすびつけ、そろそろと下にむかっておりはじめた」。月には月の重力があるから、縄は地球に向かっては伸びません。

しかし男爵は「しばらくおりると、頭の上のいらなくなったなわをおので切り、それを下にむすびつける」という行為を繰り返して、どんどん下りてくる。ええっ、上の縄を切って、下に結びつける⁉　その縄につかまって下りてくる⁉　いやもう、何がなんだか全然わかりませんっ。

そして地上まで5～6㎞ほどまで来たとき、なんと縄はぷつんと切れてしまった。男爵は猛烈なスピードで墜落して、「目をさましたのは、深さ十メートルもあるあなの中であった」。

これもすごい。穴の直径が5ｍで、男爵が高度6㎞から墜落したことでその穴が形成されたとすれば、男爵の体重は270ｔという計算になります……！

――こんな感じで、息継ぐ間もなくホラ話が続出してモーレツに楽しい『ほらふき男爵の冒険』だが、最近は本屋さんでもあまり見かけなくなってしまった気がする。未読の方は、ぜひ読んでほしい。子ども向けの本でもいいけど、特におススメは、光文社古典新訳文庫の『ほら吹き男爵の冒険』（訳・酒寄進一）。読みやすく、当時の挿絵も載っていて楽しいです。

『ジョジョの奇妙な冒険』DIOのスタンド「世界《ザ・ワールド》」は時間を止める！　そんなことをすると何が起こる？

ラスボスが魅力的だと物語は盛り上がる。それを十二分に知らしめてくれたのが、『ジョジョの奇妙な冒険』第3部のラスボス・DIOであった。

このヒトは、つくづくオソロシイですよ。食物連鎖で人間の上に位置する吸血鬼。体も大きく、力も強く、スピードもあり、配下もいっぱいいて、気化冷凍法《きかれいとうほう》というすごいワザも使えるうえに、驚異的な再生能力まで持っている。

この時点でもう反則レベルの強さだと思うが、まだある。なんと、彼のスタンド「世界《ザ・ワールド》」は時間を止められるのだ！　DIOが「時よ止まれ！『世界《ザ・ワールド》』‼」と叫ぶと、周囲の時間が数秒間だけ止まり、まったく動かない相手に対して、好き放題に攻撃できる。強すぎるにもホドがある。

しかし冷静に考えると「時間を止める」とは、まことにナゾめいた能力である。いったい何をどうすれば時間を止めることができて、本当にそんなことをしたら、はたして何が起こるのだろう？　DIOに心酔するエンヤ婆は「あなた様はこの世の帝王ッ！　時を支配して当然ですじゃあああああ——ッ　ケケケケケケケッ」と言っていたが……。

時間は止められるのか？

そもそも「時間」とは何だろうか。われわれは普段、時間を時計で意識することが多いが、もちろん時間は時計が登場する前からあった。

時間の定義はなかなか難しくて、たとえば『広辞苑 第七版』の「時間」の項には「一般に出来事の継起《けいき》する秩序とされ、過去から未来への不可逆的方向をもち、前後に無限に続き、一切がそのうちに在ると考えられ、空間とともに世界の基本的枠組を形作る」などと書いてある。難しそうな表現だが、ナルホド……とも思えますな。

ただ、これは「時間」の項にびっしり記述されている文章の一部で、哲学面からの解釈。心理学や宗教学など、分野によって「時間」の定義はさまざまなのだ。

では、科学における定義は？『物理学辞典 三訂版』（培風館）によれば「自然現象を記述する重要な独立変数の一つで、現象の経過を表すのに使われる」。

要するに「物事の変化を見るときの目盛り」ということで、これも「言われてみればそのとおり」ではあるが、前掲の「空間とともに世界の基本的枠組を形作る」という壮大な表現に比べると、あっさりしておりますなあ。まあ、こういうシンプルさに、筆者は惹かれてしまうのですが。

このように、定義さえ難しい「時間」だが、そんなモノを止めることができるのだろうか？

アインシュタインは特殊相対性理論において「高速で運動する物体では、時間の経過が遅くなる」ことを、一般相対性理論において「重力の強い場所では、時間の経過が遅くなる」ことを明らかにした。時間の進み方は一定ではなく、条件によって変わってくるということだ。

これは日常生活にも無関係ではなく、たとえばGPS衛星は重力の弱い高度2万km（時間が速く進む）を秒速3・9kmで飛んでいる（遅く進む）が、前者の影響が大きいため、時間の進み方が地上より「1秒あたり100億分の4・45秒」だけ速い。これを考慮して、GPS衛星の内蔵時計は、その分だけ遅く進むように設計されている。

ということは、DIOが承太郎《じょうたろう》たちのいる場所の重力をモノスゴ～ク強くすれば、時間の経過をぐ～んと遅くすることができるかもしれない。

たとえば、ブラックホールの表面の重力はモーレツに強いから、そこに吸い込まれつつある人にとっての「一瞬」は、重力ゼロの宇宙空間にいる人にとっての「永遠」くらいになる。DIOが承太郎の周囲の重力をブラックホールの表面くらいまで強くすれば、承太郎の動きは完全に止まって見えるから、もういくらでも攻撃できる！

……って、世界《ザ・ワールド》は近接パワータイプのスタンドで、その射程はせいぜい10m。ブラックホールなみの重力を受けている承太郎にそんなに近寄ったら、DIO自身も吸い込まれてしまいますなあ。

時間が止まるとメチャクチャ怖い！

うーむ。どうやって時間を止めるのか、真相をつきとめるのはなかなか難しい。

エンヤ婆はＤＩＯに「『時を止めて当然』と思うことですじゃッ！」と精神力の重要性を強調していたから、ここでは激烈な精神力で時間を止めていると考えよう。その場合、何が起こるのだろうか。

前述の「現象の経過を表す」という科学の定義によれば、時が止まれば、すべての現象が経過しなくなる、つまり周囲のすべてが「止まる」はずだ。

すると、大変なことになる。たとえばＤＩＯが動こうと思ったら、自分の周囲の空気を押しのける必要があるが、それができなくなってしまう。

これは「空気は軽いから、がんばれば何とかなる」という話ではない。われわれが空気を簡単に押しのけられるのは、軽いと同時に、形が自由に変わる「気体」だからで、時間が止まって空気の運動も停止したら、「固体」になったも同然。何をやってもビクともせず、ＤＩＯはまったく動けなくなる。

もちろん、動かない空気は肺に出し入れすることもできないから、息もできなくなる。空気が振動しないので、音も聞こえなくなる。

また、われわれの体は普段、皮膚から熱が逃げたり、汗が蒸発したりして、体温が保たれているが、すべてが止まった世界では、熱の出し入れも起こらない。ＤＩＯの

［図１］時間を止めると、自分も動けなくなる。しかも、ツラいのは自分だけ

体には、体内で発生した熱がどんどん溜まっていって、もう暑くてたまらない。
そして、光も届かなくなるから、この世は真っ暗に……。あ。でも、DIOは吸血鬼で太陽の光を嫌うから、この点だけは嬉しいかもしれません。

まとめると、DIOが「世界《ザ・ワールド》！」と叫べば、相手の動きは止まるけど、自分もまったく動けなくなる。それどころか、息もできず、体に熱がこもって……というツライ状況を味わうのは自分だけ（相手は、時間を止められたことにさえ気づかないのだから）**【図1】**。

うむむむ、なんとキビシイ世界《ザ・ワールド》の世界なのだろうか。

時がゆっくり進むとしたら？

想像するだけでもオソロシイ「時が止まっ

た世界」だが、マンガのなかではDIOがフリーズしたり、窒息したりしている様子は、まったくなかった。

　ということは、もしかしたら時間は完全に止まるのではなく、「止まったも同然」といえるほどゆっくり進む……のではないだろうか。

　たとえば、DIOが「世界《ザ・ワールド》！」と言ったとたん、時間の進み方が「1万分の1」に遅くなるとしたら？

　その場合、DIOはまわりに対して「普段の1万倍の速度」で動くことになる。人間が歩く速度は時速4㎞ほどだが、DIOは時速4万㎞＝マッハ33で歩くことに！

　このスピードがあれば、承太郎たちにも圧勝できるかもしれない。しかし、空気中をマッハ33などという高速で移動すると、二つの大きな問題が発生する。

　まず、とてつもない空気抵抗がかかる。DIOの身長を190㎝と考えれば、空気抵抗は4700t。DIOは最大で9秒のあいだ時間を止められるが、この力に逆らって9秒も動くと、51億キロカロリーを消費する。体重60㎏の人の血液に含まれるエネルギーは1700キロカロリーだから、51億キロカロリーを補うには300万人の血を吸わねばなりません。

　また、空気との衝突で、莫大な熱が発生する。マッハ33などという速度では、空気が直撃する体の前面は6万℃になってしまう。は、早く自分に気化冷凍法を……！

時を止めるのも、「止まったも同然」にするのも、モーレツに大変で、いずれにしても自分がいちばん苦しそうだ。ＤＩＯは平気そうにしていたが、彼だからこそ耐えられるのだろう。ＤＩＯさまは、やっぱりこの世の帝王ですじゃあああ。

『すずめの戸締まり』で、椅子になった草太が激走していた！　あんなに動けるの!?

猫が速いのはわかるけど……
なんで椅子なのにこんなに速いの〜ッ!?

『すずめの戸締まり』には、本当に驚いた。新海誠監督の作品は、『君の名は。』では彗星の落下、『天気の子』では豪雨と、どちらも大規模な「災害」を描いてきたけれど、それらはあくまでも瀧や三葉《みつは》、帆高《ほだか》や陽菜《ひな》たちの世界でのできごとだった。

ところが、今回の『すずめの戸締まり』は、主人公・岩戸《いわと》鈴芽《すずめ》が暮らす宮崎県の南部から始まって、謎の猫・ダイジンを追いかけて、愛媛、神戸……と、舞台が移動していく。いずれも大きな地震が起こった地域だ。そして東京を経て、東日本大震災で甚大な被害を受けた東北へ。12年前の3月11日という具体的な日付も出てくるし、この映画における「災害」は、まさにわれわれの世界で起こったことなのだ。

もちろん、鈴芽も草太《そうた》も環《たまき》さんも、想像上の人物だ（と思う）し、描かれるエピソードは架空のもの（に違いない）。しかし、決して忘れられない現実の上に築かれた『すずめの戸締まり』を映画館で観ていると、筆者は不思議な感覚に陥った。劇中では「現世《うつしよ》」と「常世《とこよ》」という二つの世界をつなぐ「扉」が物語の焦点になるけれど、同じように劇場のスクリーンが「現実」と「空想」をつなぐ扉のように感じられ、自分がどちらにいるのかわからなくなったのだ。

だからこそ、登場人物たちの想いはストレートに心に響き、言葉は重くのしかかってきた。まるで、胸にくさびを打ち込まれるかのようだった。正直、観ていてツラくなる描写もあったが、この映画を体験できたことに、筆者は深く感謝したい。

地震はどうして起こる？

物語は、岩戸鈴芽が「閉じ師」の宗像《むなかた》草太と出会うところから始まる。草太によれば、人がいなくなった廃墟などでは、「後ろ戸」と呼ばれる扉が開き、そこから災いが出てくることがあるという。放っておくと、災害が起こったり、疫病が蔓延《まんえん》したりする。だから草太は、閉じ師として日本中を旅し、各地の後ろ戸を閉め、鍵をかけて回っているのだ。

だが、数百年に一度起こるような「巨大な災害」は、後ろ戸に鍵をかけるだけでは防げない。それを封じ込めるのが「要石《かなめいし》」で、昔から日本には二つの要石があった。要石が置かれる場所は時代とともに変わるが、このときはその一つが宮崎に置かれていた……という設定だ。

現実の世界でも、茨城県の鹿島神宮や千葉県の香取神宮など、いくつかの場所に「要石」と呼ばれる石がある。かつて地震は、地中の巨大なナマズや龍、地震蟲《むし》などが暴れることで起こるともいわれてきたから、その動きを封じるために、要石でその頭や尾を押さえているのだという。

『すずめの戸締まり』において、地震をもたらすのは、「ミミズ」と呼ばれる、赤黒い雲のような存在。ミミズは後ろ戸からどんどん湧き出して大きくなり、天高く立ち昇った後にゆっくり倒れ、すると大きな地震が起こる……というイメージだ。草太によれば「ミミズは日本列島の下をうごめく巨大な力だ。目的も意志もなく、歪みが溜まれば噴き出し、ただ暴れ、土地を揺るがす」。

この想定は、とても興味深い。現実の地震は、地球の表面を覆う十数枚の「プレート」が動くことで歪みのエネルギーが溜まり、それが一気に解放されることで発生する。日本にとくに地震が多いのは、ちょうど4つのプレートがぶつかり合う場所に列島があるためで、これほど多くのプレートがぶつかる場所は、地球上に2ヵ所しかない(もう1ヵ所はニューギニア島とスラウェシ島のあいだ)。この現実を「ミミズ」に置き換えれば、違和感のない話になる。日本列島の下では、常にプレートがぶつかり合って歪みが蓄積し、限界を超えると弾けて、地震が起こる。

放出されるエネルギーは莫大で、たとえばマグニチュード９・０の東日本大震災の場合、２００京《けい》(京は兆の1万倍)J《ジュール》。日本全国の発電所が生み出すエネルギーの8ヵ月分で、それが一瞬に放たれるのだ。それほどのものを押さえ込む要石の役割は、モーレッツに重要だ。

人間が椅子になるとは？

そんな要石を、それと気づかずに、鈴芽が抜いてしまった。要石はダイジンと呼ばれる猫になり、なんと草太を椅子に変えてしまう。早く草太を人間に戻し、ダイジンをつかまえて元の場所に戻さないと、またこの国に大きな災害が起こる……。こうして鈴芽と草太はダイジンを追いかけることになるのだが、驚くべきは、草太が椅子の姿のまま旅をしたことだ。これは、あまりにもキビシクなかっただろうか？

草太が姿を変えられた椅子は、鈴芽の4歳の誕生日のお祝いに、母親が手作りしてくれたものだ。4歳児用だから、とても小さい。やや背が高めに見える鈴芽の身長を160㎝と仮定し、劇中の描写などから推測すれば、椅子の背もたれの高さは35㎝、脚の長さが16㎝ほどだ。しかも、4本の脚のうち、左前の1本は失われてしまっている。

そのような椅子になって、草太はどんなふうに動くのか？　描写を見ると、近くを歩き回るときは3本の脚を交互に動かし、走るときは後方2本で地面を蹴って右前の1本で着地する……を繰り返していた。犬、猫、馬などの四足歩行動物たちと、基本的には同じだ。

人間のときの草太は長身で、鈴芽が160㎝ならそれより10㎝以上背が高そうに見える。足の長さを80㎝とするなら、それが16㎝の椅子の脚になるとは、長さが5分の1に縮小したわけだ。だったら犬や猫になったようなものかといえば、それとも違うだろう。鈴芽は母親に頼んで椅子の背もたれに顔を作ってもらっていたから、つまり草太の顔は後ろ足の真上についている。脊椎《せきつい》動物のなかには存在しない特異なスタイルなのだ。

運動には「慣れ」が不可欠で、繰り返すうちに、小脳に筋肉の動きのパターンが記憶されていく。赤ちゃんもそうして歩けるようになるし、スポーツで反復練習が大切なのもそのためだ。

さっきまで人間だった草太の小脳には、3本脚の椅子の歩行パターンはまったく記憶されていないだろう。なのに、椅子になってすぐにダイジンを追っていった草太の運動センスは抜群だ！

椅子としてどう走るか？

しかも、草太椅子はかなり速かった！ ダイジンを追って、通行人の足のあいだを走るときは、時速20㎞くらいは出ていたのではないだろうか。

四足歩行動物の走りを参考にするために、競馬の決勝シーンで計測すると、馬たちは脚の長さの2倍ほどの歩幅で走っている。前述のように椅子の脚の長さは16㎝ほど

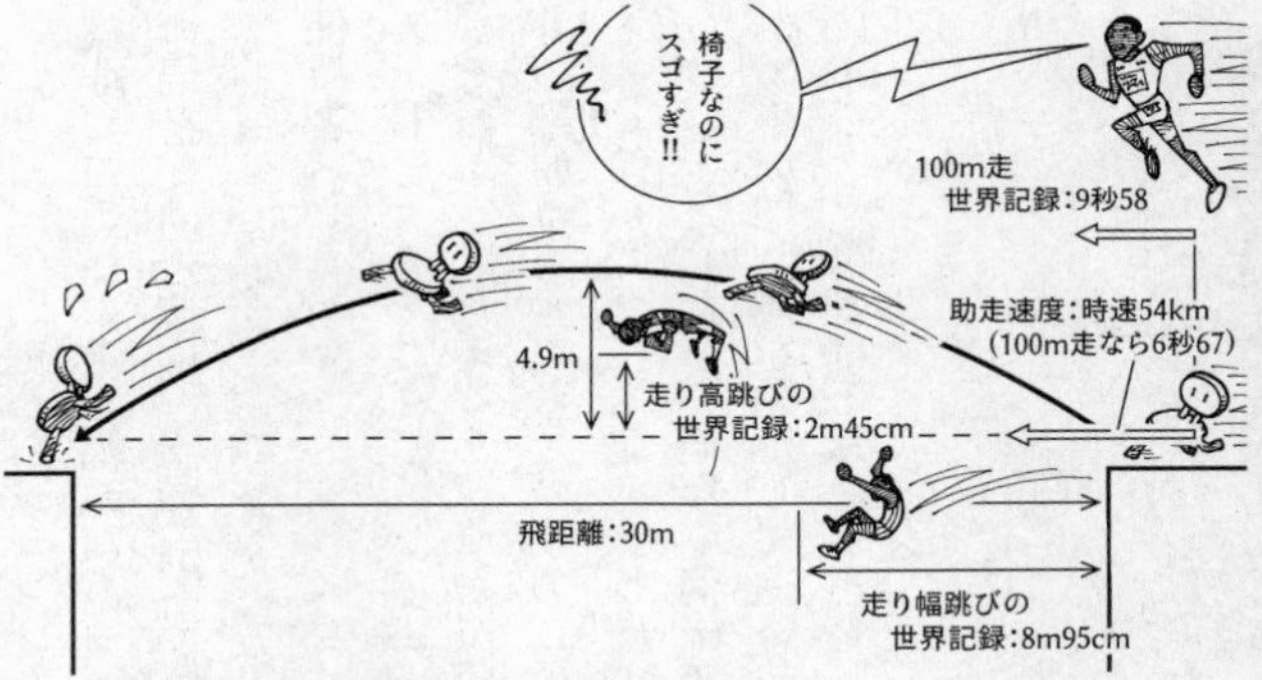

[図1] あなたも椅子になれば、世界記録を更新できるに違いない

と思われるから、草太の走りが競走馬と同じとするなら、その歩幅は32㎝。これで時速20㎞を出すには、1秒間に17歩のペースで走らなければならない。馬たちは1秒に4歩ほど走るが、その4倍以上もケタタマシイ走りになる! 椅子が走る姿を目撃した劇中の人々は驚愕《きょうがく》し、SNSにも投稿され、「#走る椅子」というハッシュタグまで付けられていたが、モノスゴク目立っただろうから無理もない。

3日目ともなると、草太は椅子の体にもだいぶ慣れてきて、小説版の表現によれば「人間の体の重さでは不可能な場所を、獣のように彼は走る。重力がずっと軽くなったような頼もしさで、草太さんは急勾配のレールを駆け上がる」。

実際、その身体能力はものすごかった。

たとえば、助走からジャンプして、2秒ほど宙を舞い、水平距離にして30ｍほども跳躍していた。走り幅跳びのマイク・パウエル（8ｍ95㎝）よりも遠い！　そしてこの場合、助走速度は時速54㎞。100ｍ走のタイムは6秒67で、ウサイン・ボルト（9秒58）より速い！　またジャンプした高度は4・9ｍで、走り高跳びの世界記録保持者ハビエル・ソトマヨル（2ｍ45㎝）より高い！　椅子なのにすごいというべきか、椅子だからすごいというべきか……【図1】！

そのように考えると、草太が椅子にされたのは、不幸中の幸いだった。あのとき鈴芽の部屋にあったもののうち、机や本棚にされたらその場から動けないし、本やノートや鉛筆になっても動きには難渋しただろう。動けそうなものは椅子しかなかった。ひょっとしたら、何年も何十年もたった一人で要石としてがんばってきたダイジンが、思い切り体を動かして追いかけっこをしたくて、あえて草太を椅子に変えたのでは……？　筆者はそんな妄想もしてしまう。

『僕のヒーローアカデミア』の八百万百は、自分の体の脂質からモノを生み出すが、そんなことして大丈夫⁉

『僕のヒーローアカデミア』にはいろいろ魅力的な人が出てくるけど、筆者はこの人のことが、とても気になります。そのナイスバディが……じゃなくて、キャラと能力が、ですよ！

八百万百《やおよろずもも》は、ヒーロー養成学校・雄英《ゆうえい》高校1年A組。成績はクラスで1番。入学直後の体力テストでもクラス1位。言葉づかいも丁寧で、面倒見もいい。といってパーフェクトな優等生ではなく、体育祭で不振だったことで「ヒーローとしての実技」に自信を失いかけ、友達の言葉で立ち直るなど、人間らしさにもあふれている。や〜、筆者は好きだな〜、この人。

『ヒロアカ』においては、超能力が〝個性〟と呼ばれているが、百の〝個性〟は、生物以外なら何でも作り出せる「創造」。百は、これで戦いの最中にいろいろなものを生み出している。

たとえば、電撃から身を守る絶縁シート！　形状記憶合金を織り込んだ捕縛用リボン！　それを撃ち出すカタパルト！　巨大ロボを倒す大砲！　ガスマスク！　電波発信機&受信機！

作中では、彼女がそれらを作り出せる理由も説明されていて、原材料はなんと「体内の脂質」。筆者もマンガやアニメを科学的に考えて四半世紀になりますが、う〜む、これは斬新ではないでしょーか。

だが、体内の物質を材料に武器を作ったりしたら、大変なことになってしまうのでは……と、心配にもなるのである。

脂質からモノを作る方法

体の脂質から、生物以外のものなら何でも作り出す。この仕組みについて、作中では百自身が語っていた。林間合宿で「カレーをがっついている」と指摘されると、こう答えたのだ。「ええ 私の〝個性〟は脂質を様々な原子に変換して創造するので沢山蓄える程 沢山出せるのです」。

クラスメートに「うんこみたい」とツッコまれ、百はヘコんでいたが、うんこと似ているのは「たくさん食べるとたくさん出る」ところくらい。科学的には「脂質を様々な原子に変換」というところに注目してもらいたいですなー。

また、絶縁シートを作った場面で、ナレーションはこう説明していた。「それを可能にするのは、分子構造まで把握する彼女の知識量だ！」。

なんとまあ、魅惑的な科学の言葉が次々に出てくるスバラシイ作品ではないですか。

ここで用語を整理すると、「脂質」とは、脂肪や、脂肪から体内でつくられるもののこと。これが過剰だと太る、というイメージがあるが、脂肪の役割はそれだけではありません（後述します）。

百が言及していた「原子」は、物質を構成している最小の粒子で、大きさは1千万分の1㎜ほど。自然界には90種類しか存在しない。この原子が組み合わさったものが「分子」で、その分子がたくさん集まって、さまざまな物質が作られている。

たとえば「脂質の分子」は、炭素、水素、酸素、リンなどの原子からできている。一方、絶縁シートの材料になる「ゴムの分子」は、炭素、水素などの原子でできている。

どちらにも、「炭素」と「水素」の原子が含まれているが、原子の数や並び方、つまり「分子構造」が違う。材料は同じだが、組み立て方が違うということだ。したがって、分子構造を変えることができるならば、脂質からゴムを作ることは可能である。

ところが、形状記憶合金や大砲を作るには金属が必要だ。これを脂質から作るには、炭素や水素を、鉄やチタンなどの別の原子に作り替える必要がある。原子を作り替えるのは簡単なことではなく、たとえば太陽の中心部や、原子炉で行われるようなレベルのこと。それによって、莫大なエネルギーも発生する。百は体内でそれをやっているのだろうが、なんと恐るべきヒトだろうか。

しかし、それは〝個性〟の働きだから、百にとっては当然ともいえる。筆者がすごいと思うのは、前述のナレーション「分子構造まで把握する彼女の知識量」という点だ。あらゆる物質の分子構造を把握しているということ⁉

これに関してはさらに、コミックス第8巻のおまけページ「ヤオヨリョーシカの謎」に、「八百万は、複雑な構造物をつくる為に、脳内で必要なパーツ列挙→素材選び→組み立て→モノによっては塗装という工程を経て創造しています」とも書かれている。そんなコトまでしているのか、百は……。

深々とナットクする行為ではあるけれど、一人の人間がやるとなると、ちょっととてつもない話である。たとえば、彼女が創造した「電波発信機」は、トランジスター、コンデンサー、コイルなど多数の部品で構成されているが、その全部品の材料の分子構造から機械の構造、さらにカラーリングの仕方まで、ありとあらゆることを知っているのだろう。

知識を身につける過程は、彼女の〝個性〟ではなく、努力によるものだろうから、これは本当にすごいと思う。

脂質がなくなると？

だが、その材料が脂質というのは、どうなのか。脂質が減ればやせられてラッキー！　というカンタンな話ではない。脂質は、体内で重要な働きをしているのだ。こ

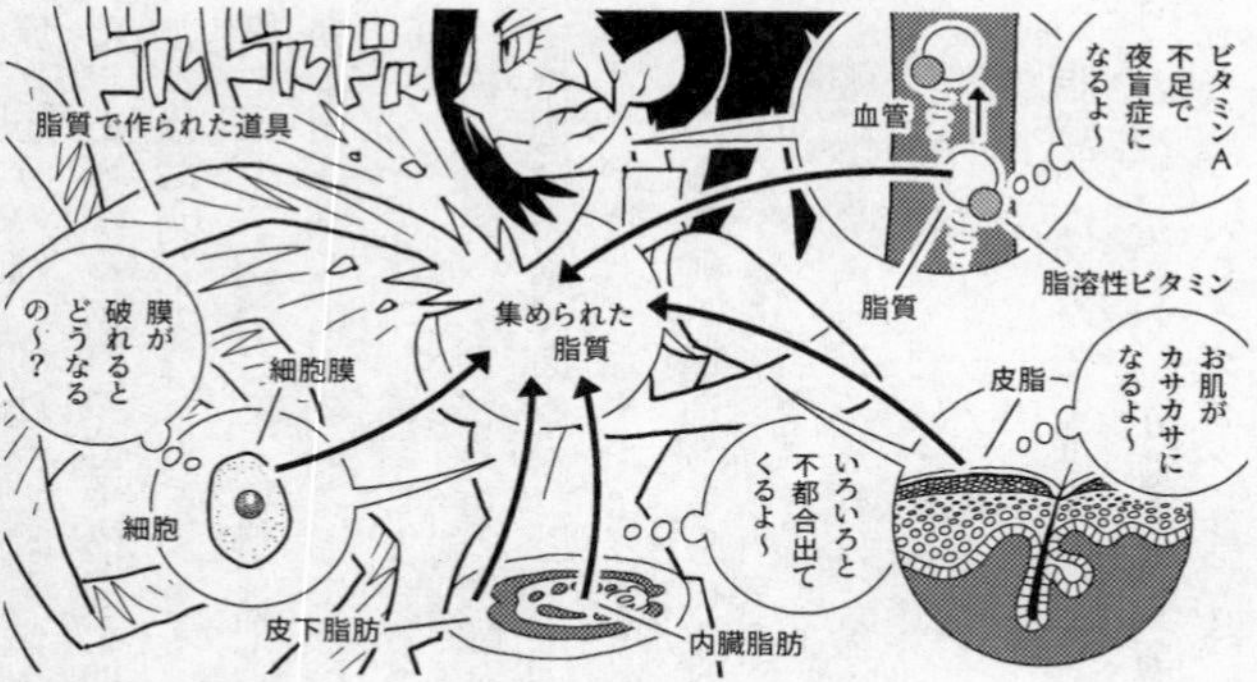

［図1］脂質は体内でいろいろな働きをしております

れを使ってホイホイ物を作り出すと、大変なことになる。

皮下や内臓に溜まる「体脂肪」は、体にエネルギーを蓄え、体を衝撃から守り、体温を発生させ、ホルモンを分泌している。これを大量に使うと、百は元気がなくなり、体温が下がり、体調不良になりかねない。

が、それでも体脂肪はまだマシで、他の脂質を使うと、より大変だ。たとえば、皮膚を覆う「皮脂」という脂質は、水分の蒸発などを防いでいる。これを使って創造してしまうと、百の美しいお肌がカサカサになってしまう！

血液中にも脂質があり、ビタミンのなかには、その脂質と結びついて運ばれる「脂溶性ビタミン」がある。目の働きに不可欠なビタミンAも、その一つだ。百が血液中の脂質を使ったりすると、暗いときに見えにくくなる「夜盲症」になるかもしれない。

さらに、細胞の表面を包む「細胞膜」も、脂質でできている。百がこの脂質を使おうものなら、全身あちこちの細胞膜が破れ……、そうなった人の話は聞いたことがないが、たぶん間違いなく、お亡くなりになるでしょうなあ【図1】。

このように、脂質を材料にすると健康面でのリスクが大きいが、百の場合はもう一つ、あの立派な胸も心配だ。女性の乳房は、大胸筋の上に体脂肪が重なったものなので、創造しすぎると、小さくなってしまいます。あらっ。あららららら。

瞬間的に激太り！

さらに気になるのは「沢山蓄える程　沢山出せるのです」という百の言葉だ。たくさんのものを出すには、たくさんの脂質が必要ということだろう。

ここから考えると、「どんな変化が起きても重さは変わらない」という「質量保存の法則」が、百の〝個性〟においても成り立つのだろう。すると、何でも創造できるといっても、彼女の脂質の量を超えて作り出すことはできないはずだ。

前述のように、体脂肪以外の脂質を消費するのは危険だから、百も体脂肪を使っているのだと考えよう。高校１年生の女子の体脂肪率の標準は20〜35％だが、百は胸以外はスリムだから、体脂肪率25％と仮定しよう。また、百は身長１７３㎝だが、同じ理由で体重を55kgとする。すると、体脂肪の重さは14kg。健康のために、体脂肪率を20%以上に保つためには、使える体脂肪はたった3・5kgでしかない。

ところが、百はそれよりはるかに重そうなものを創造している。大砲など、どう見ても200kgはあるだろうし、意外に重いのが、厚さ100㎜という絶縁シートで、その推定重量は370kg！

このシートを出すとき、百は目にも止まらぬ速さで何か食べて、体脂肪を370kgほど増やした……のだろうか。すると瞬間的に、体重は425kg、体脂肪率は90%になったと思われる！　その一瞬を、見たいよ～な、見たくないよ～な。

う～む、身を削る個性は、やっぱり大変だ。想像を超えてがんばってると思われる八百万百を、これからも絶賛応援しなければ！

マンガやアニメや昔話では、動物たちが平然と
人間の言葉を話す。いったいなぜ話せるのだろう？

これ、実にたくさんの人から質問されるけど、本当にどうなってるんですかね？

昔話では、動物たちが自由闊達《かったつ》に人語を操る。『浦島太郎』では、カメが太郎を竜宮城に誘いにくるし、『桃太郎』では、サルとイヌとキジが「キビダンゴと引き換えに家来になる」という雇用契約を口頭で交わす。実在した坂田金時《さかたのきんとき》の幼少時を描いた『金太郎』でさえ、クマやウサギなど山の動物たちが平然と会話していた。

マンガで、筆者が忘れられないのは『いなかっぺ大将』と『銀牙《ぎんが》－流れ星 銀－』だ。前者には、主人公・風大左ェ門《かぜだいざえもん》の柔道の師匠として、ネコのニャンコ先生が登場する。「おちたしゅんかん せなかを丸めるぞなもし」と必殺技「キャット空中三回転」を口伝《くでん》するのだからすごい！ 後者は、犬たちが激しい闘争を繰り広げるマンガだが、「他犬《ひと》の幸せを踏みにじり 世の正義を歪める悪党には絶対退《ひ》いてはならない!!」などと、筆者をも感動させる言葉を熱く語る。イヌなのに！

もちろん、最近の作品でも動物たちのおしゃべりは止まらない。『かいけつゾロリ』では、キツネのゾロリや、イノシシのイシシ・ノシシが、おやじギャグをぶちかます。『それいけ！アンパンマン』では、カバおくんやウサこちゃんが自在に言葉を操る（チーズは「ワン！」しか言わないのに！）。『ノラネコぐんだん』でも、ノラネコが

「かんたんだね」「かんたんだよ」「ニャー」と世のなかを舐《な》めた発言をすると、ワン
ワンちゃんが「あなたたちは こんなことをして いいと おもっているんですか」と
諄々《じゅんじゅん》と諭《さと》す。どいつもこいつも人間顔負けだっ。

　まあ、筆者もわかってはいるのです。物語のキャラがしゃべるのは、「擬人化」ゆえ。いちいち真剣にならなくていいのかも……。だが「動物がしゃべる」というのは、科学的には異常事態。きっちり考えたら、オモシロイことになりそうな気がする。

動物が話したら驚こう

『ONE PIECE』の船医・チョッパーは、トナカイである。初めて会ったのは航海士のナミで、コソコソ隠れるチョッパーに「何なの？ あんた」と話しかけた。チョッパーが「う……うるせェ!!! 人間っ!!! それとお前 熱大丈夫か？」と答えると、ナミは「喋った!!?」と驚愕《きょうがく》した。

　そう、これです。これこそ人間の言葉を話す動物に遭遇したときの正常な反応というものだ。イヌやキジにキビダンゴをねだられて、「待ってました」とばかりに雇用交渉に入る桃太郎など、どうかしていると思う。

　もちろん、チョッパーが人間の言葉を話すのは、ヒトヒトの実を食べたから。『ONE PIECE』の世界でも、動物はしゃべらないのが普通なのだ。

では、なぜニャンコ先生はしゃべれるのか。『いなかっぺ大将』で、大左ェ門との初対面のシーンを読み直してみたら、こうだった。

塀から落ちたトラ猫が、空中でクルクル回転して見事に着地する。大左ェ門は、その動きを柔道に活《い》かせるのではと思い、捕まえようとするが争いになる。「フゥーッニャンゴーッ　フンギャーッ」と応酬していると、作者の川崎のぼる先生が登場し、「ええーっまことにおそれいります　大左ェ門は動物のことばがしゃべれますが　これじゃわかりましぇんので　ここから先は　ふたりの　いや…ひとりと一ぴきの会話を　わかりやすくします」。そして次のコマから、トラ猫は「なにをするぞなもしきゅうにわしにとびかかってきたりして」と、四国の方言らしき言葉で話し始める。なんと、ニャンコ先生が人間の言葉をしゃべったのではなく、大左ェ門が動物の言葉をしゃべっていたのだ。意外！

『銀牙』もこのパターンに近くて、イヌたちは「その秘伝　いまおまえにさずけよう」とか「こちとら　もとは江戸っ子だ　江戸っ子が女から加勢してもらったとあっちゃあ　銀たちにあわす顔がねえ」と熱すぎる会話を交わしているが、それはイヌたちのあいだでの話。マンガに人間が登場するシーンでは、饒舌《じょうぜつ》な犬たちも「クーンクーン」と、普通のイヌの反応に変わってしまうのだ。なるほど、イヌにはイヌの明確な言葉があるということか……いやそれはそれでビックリだが。

会話には何が必要か？

そもそも、なぜ人間だけが言葉を話し、動物は話せないのか。

人間の脳は、大脳、小脳（筋肉の動きのパターンを記憶する）、脳幹（生命を維持する）に分かれ、大脳は表面の大脳新皮質（思考、言語、感情、感覚、運動を司る）と、内部の大脳辺縁系《へんえん》（本能や感情を司る）に分かれる。

そして大脳新皮質には、言葉に関して重要な働きをする2つの「領野《りょうや》」がある。

ブローカ領野……言葉を話したり文字を書いたりするための筋肉の運動を支配する

ウェルニッケ領野……聞いたり話したり読んだりした言葉の意味を理解する

人間が会話するとき、これらの領野の働きは、①ウェルニッケ領野で、相手の言葉の意味を理解する ②思考や感情によって返事の言葉を組み立てる ③ブローカ領野で会話に必要な筋肉を動かしながら、ウェルニッケ領野で自分が話した言葉の意味を確認する。つまり会話をするには、ウェルニッケ領野、ブローカ領野、そして話すための筋肉（肺を膨らませる横隔膜、喉や口の筋肉など）が必要ということだ**【図1】**。

たとえば現実世界のイヌは、人間の言葉による命令を聞くし、状況に応じて鳴き方を変える。ここから、ウェルニッケ領野やブローカ領野がある程度は機能しているか、脳内にそれに近い働きをする場所があると考えられる。驚くのはゾウで、低周波音で10㎞も離れた仲間と会話をする。言葉の種類は100以上というから、明らかにウェ

[図1] 動物が喋るのに驚いている場合ではなかった……！

ルニッケ領野、ブローカ領野か、それに代わる場所が活発に働いているのだろう。

さらにビックリは、チンパンジーやボノボだ。訓練すれば、手話やカードやキーボードで人間と会話ができる。アメリカのスー・サベージ・ランバウ博士が家族の一員として幼い頃から育ててきたカンジとパンバニーシャのボノボ兄妹は、1千語以上の単語を理解しているという。言葉で頼むと、マッチやライターで火も起こす。

これはもう、ウェルニッケ領野とブローカ領野（手話やキーボードの操作に必要）が人間に近いほど発達しているのだろう。いや、筆者は英単語を1千個も知らないから、ワタクシより上です。それでも喉や口の形が違うから言葉は話せない、ということだ。

なぜ話せるのか全然わからん！

これに照らして考えると、物語のなかの動物たちはどうなのだろう。『アンパンマン』のカバおくんやウサこちゃんは、バタコさんやジャムおじさんと何の支障もなく会話しているから、ウェルニッケ領野、ブローカ領野、喉や口の形の「会話の3要素」はパーフェクトなはずである。なぜそうなのか、サッパリわからんけど。

大左ェ門の例から考えると、『金太郎』では動物が人間の言葉を話したのではなく、金太郎が動物たちの言葉をしゃべっていた可能性がある。それでも動物たちは「金太郎さんがいなくなってさびしいなあ。早くえらい大将になって、また顔を見せて下さい」（『日本の神話と十大昔話』楠山正雄／講談社学術文庫）と、かなり高度なことを言っているから、人間の言葉は話せなくても、ウェルニッケ領野とブローカ領野はしっかり活動していたのではないか。

不思議なのは、1970年代のSFアニメ『バビル2世』のロデムだ。主人公・バビル2世に仕える「三つのしもべ」の一体で、姿を自在に変えることができる。美しい女性になることもあるが、多くの場合はクロヒョウの姿でバビル2世の傍《かたわ》らにいて「お気をつけください、バビル2世さま」などとていねいに話す。全身はクロヒョウになっても、口や喉だけは人間と同じ構造にしているのかも！

これは『BLEACH』の四楓院夜一《しほういんよるいち》さんも同じで、この美しい女性の死神は、普段はクロネコの姿をしている。「儂《わし》の授業はちと厳しいぞ」などと古風な言葉で話すけど、ネコに姿を変えても喉や口だけは人間のまま!?

一方、絶望的に難しそうなのが『浦島太郎』のカメである。ウェルニッケ領野とかいう以前に、爬虫類《はちゆうるい》には大脳皮質がほとんどない。声を出すための声帯もない。鼻や口に空気を出し入れして声を出すことはあるけど、人間の言葉は無理なのでは……。

言語道断なのは、昔話『くらげ骨なし』のクラゲだ。すべての動物の祖先にあたるこの生き物は、ウニ（脊椎《せきつい》動物に進化）やプラナリア（節足動物や軟体動物に進化）などより原始的。口と肛門が共用になっていて、脳そのものがありません。

にもかかわらず、お話のなかではサルに「君は、病気のお姫さまにサルの肝を食べさせるために、だまされて連れてこられたんだよ」と竜宮城ぐるみの陰謀を漏らしてしまうのだ。いったいどうやって……と不思議でならないが、この口の軽さが竜宮城のヒトビトの怒りを買って骨を抜かれ、いまのような姿になったというのがこのお話の骨子なのだから、もう何をどう考えていいのかわかりません。

いずれにしても、動物が人間の言葉を理解し、話すというのは大変なこと。それを実践している動物を見つけたら、ぜひとも仲よくいたしましょう。

『シティーハンター』で冴羽獠が殴られる「１００ｔハンマー」。どれだけ威力があるか？

どうなるも何も……怖いからリアルに考えないでよ〜!!
100t

『シティーハンター』は、１９８０年代の後半に「週刊少年ジャンプ」で連載されていたマンガで、テレビアニメ化されたのは１９８７年。その後99年までに、テレビシリーズが３度、劇場版アニメが３本、テレビスペシャルが３本作られた。レジェンド声優・神谷明《かみやあきら》さんの声が耳に刻まれている人も多いだろう。

ここで終わっていれば「20世紀の名作」という括《くく》りになっただろうが、『シティーハンター』のすごいのは、２０１９年になって新作映画『劇場版シティーハンター〈新宿プライベート・アイズ〉』が作られたことだ。20年ぶりの復活に、往年のファンは感涙し、観客動員１００万人を突破するヒット作となった。さらに23年の9月には『天使の涙《エンジェルダスト》』が公開され、これも大ヒット！

恐るべき作品である。これほど息の長い作品になったのは、やはり原作マンガの設定とキャラ造形が秀逸だったからだろう。

筆者にとっても『シティーハンター』は、原作マンガの印象が強い。雑誌に連載されていた頃、筆者はとても貧乏だったので、「ジャンプ」は友達のものを回し読みするか、喫茶店で読むか……だったのだが、この作品を開くたびに、主人公・冴羽獠《さえばりょう》に対してフクザツな気持ちがよぎったものである。

なぜなら、獠はイケメンでカッコよくて、それに対する感想は「うーむ、なんかヤな感じだ」。でも、女性にはすごく弱くて、すぐにエロいことを考えてしまって、そのたびに相棒の槇村香《まきむらかおり》にでっかいハンマーで殴られる。そのシーンでは「わはは、いいヤツじゃないか」と親近感を抱く。そんな正反対の感情を覚えながら読んだのがこのマンガであった。

ハードボイルドとギャグが絶妙に融合した『シティーハンター』。本稿では、この作品の代名詞ともいえる三要素「獠の凄腕」「もっこり」「100ｔハンマー」について考えてみよう。

射撃の腕がハンパない！

冴羽獠は、東京の副都心・新宿を根城にする「始末屋《スイーパー》」。裏の世界では「ヤツにねらわれて生きのびた野郎はいねえよ」と恐れられ、「シティーハンター」の異名を取っている。現相棒の香は、麻薬密売組織に殺されたかつての相棒の妹。――と、基本設定だけ書くと、やっぱりカッコいいなあ、この作品。

そこでまずは、カッコいい面の検証から行こう。考えたいのは、獠の射撃の腕前だ。

これはかなりのもので、相手の銃を撃ち落とすくらいは朝メシ前。コーヒーを飲んでいる敵のカップを撃ち砕いて警告を与えたこともある。なかでも筆者が驚いたのは、目の前の相手が振るっている鞭《むち》を、ピストルで撃って破断させたことだ。

鞭は、現実の世界でビュンビュン振り回している人はあまり見かけないけど、マンガのなかではよく悪人が使っておりますね。でもその攻撃力はバカにしたものではなく、振り回すと遠心力で引っ張られて直線に近づくため、先端のスピードは相当なものになる。

劇中に登場した鞭は、長さが５ｍほどだった。獠は相手がこれを振り回しているときに撃ったのだが、命中させた場所は、鞭の根元から２ｍくらいのところ。スピードの速い先端を狙わなかったのは正解だと思うけど、それでも全力で振るうとき、この場所は時速１５０㎞前後で動いているはずである。それを撃ったのだから、ものすごいことだ。

獠が愛用するコルトパイソン３５７マグナムの初速は、秒速４００ｍ＝時速１４４０㎞。獠は５ｍくらい離れた場所から撃ったが、弾丸が５ｍ飛ぶあいだに、鞭のその場所は52㎝動く。つまり獠は「時速１５０㎞で動く標的の位置と速度を見定めて、その52㎝先を狙って撃った」わけである。しかも、その鞭の直径は、たったの２㎝ほど。この細さでは、発砲のタイミングが０・０００２４秒ズレても当たらない。もうあまりにも優秀すぎる腕だ。

鞭を持つ相手を狙うなら、動きの小さな手や腕を撃つほうが簡単だと思うんだけど、鞭そのものを狙った獠は、それほど腕に自信があったのだろう。すごい人である。

もっこりで壁をぶち抜く！

こんなハードな世界にあって、獠は無類の女好きでもある。好みの美女を見かけたり、セクシーな服を着た女性が通ると、たちまち股間をもっこりさせる。3行前までのカッコよさは、そこにはカケラもありません。

でも、そのもっこり力は侮《あなど》りがたい。椅子に座ったまま、もっこりでテーブルを持ち上げて傾かせたこともある。ドアをもっこりでこじ開けたこともある。天井にもっこりが挟まって、パワーを注入したところ、天井が崩壊したこともある。

どれもこれもオドロキのもっこりパワーだが、筆者が震撼《しんかん》したのはこのシーン。獠が窓ガラス越しにエアロビクスを鑑賞していたところ、「バキィィ～ンン!!」というものすごい音が。近くの人々が音に振り返ると、窓の下のコンクリートの壁に直径10㎝ほどの穴があいていた！　なんと、もっこりがコンクリートを突き破ったのだ！

壁の厚さを10㎝として計算すると、これに必要な力は9・6ｔ。アフリカゾウの最大個体でさえ、体重は7・5ｔだから、このヒトは、もっこりでゾウを持ち上げることができるわけである。いやもう何というか、男子として尊敬に値する始末屋というほかありません。

オソロシすぎる100tハンマー

もちろん、あまりに遠慮なくもっこりさせるのは、人としてどーなんだ!? という問題もある。そんな不埒《ふらち》な獠に天誅《てんちゅう》を加えるのが相棒の香で、彼女はなんと「100tハンマー」を振り下ろす。20行前までのハードボイルドな世界は、もう微塵《みじん》もありません。

このハンマー、初めのうちはヘッドの部分に「10t」と書かれていたが、やがて「100t」がスタンダードになった。その後「10万t」「無量大数t」「10万馬力」「ICBM」といったスゴイものも現れたけど、ここではいちばん多かった100tで考えてみよう。

あの大きさで本当に100tあるとしたら、いったい何でできているのか? 材質がモーレツに気になるが、マンガの表現を見ると、同じように「100t」と書かれているハンマーでも、大きさはさまざまだ。マンガのコマを測定してみると、たとえば小さなものだと、ヘッドが直径20cm、長さ40cm。巨大なものだと、直径85cm、長さ1m7cmもある。一見、大きいほうが威力はありそうに見えるが、重さは同じ100tなのだから、狭い面積にエネルギーが集中する分だけ、小さなほうが破壊力は上回る。

100tハンマーは見かけによらないのです。

この場合、密度は大ハンマーが1Lあたり165kg。金の8・5倍であり、もっと

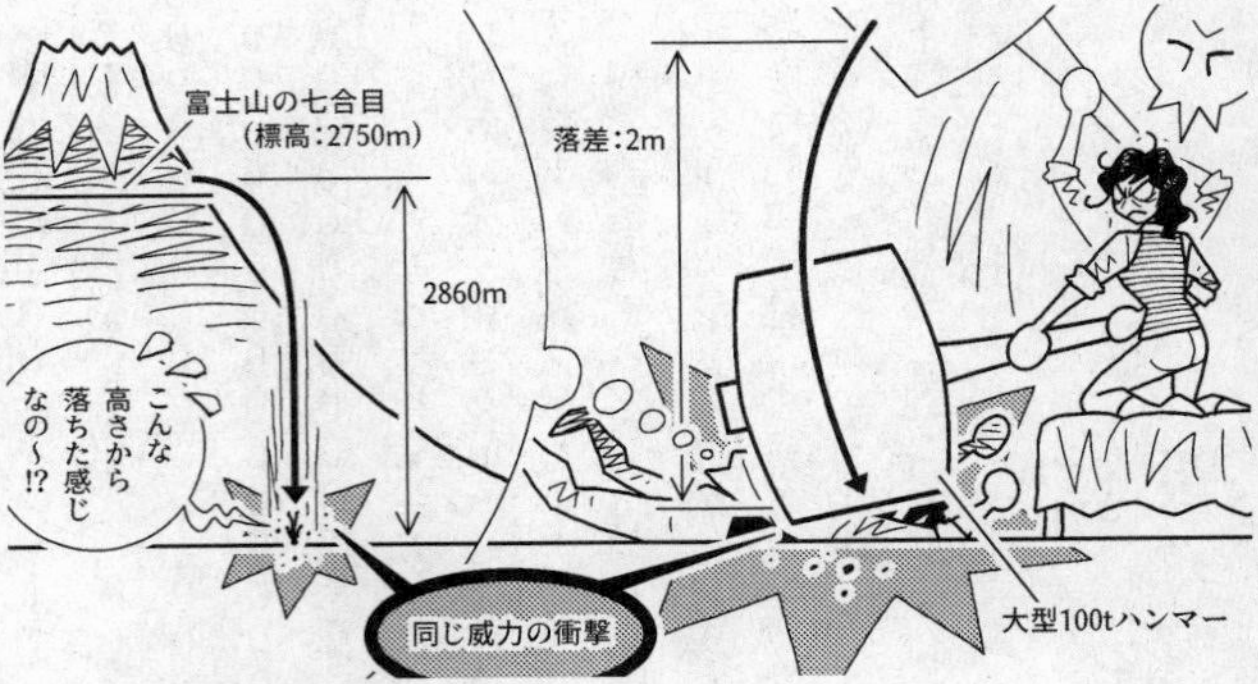

[図1] あまりにオソロシイ威力である

も密度の高いオスミウム（金属の一つ）と比べても7・3倍。こんな物質は、地球上に存在しない！　小ハンマーは1Lあたり8ｔで、オスミウムの350倍。いよいよ存在しない！　香さんは、こんなモノをどこから持ってきたのだろう……？

こんな物体で殴られるとは、獠の安否がモーレツに心配である。

ある回では、香は病院のベッドに座った状態から、前述の大型100ｔハンマーを振り下ろした。ヘッドの落差は2ｍほどだったから、獠の体重が70kgなら、自分の体重の1430倍も重い物体が高さ2ｍから落ちてきたことになる。これは、自分が高度2860ｍから、脳天を下にして落ちたのと同じ。そんな目に遭ってなぜ生きていられるのか、まったく全然わかりません**［図1］**。

標準的な１００ｔハンマーで、この破壊力。これが無量大数ｔハンマーになるとどうなるか。「無量大数ｔ」をアラビア数字で書くと「１０００ｔ」で、これは宇宙の全質量より１０００００００００００００００倍も重い！

　こんなハンマーは完全にブラックホールとなり、獠はもちろん、香も地球も太陽も、いずれは全宇宙さえ飲み込まれる。獠が不埒なばっかりに、宇宙が滅亡へ……。香さんは絶対に無量大数ハンマーを使わないでいただきたい。

　科学的に考えると、話がどこまでも飛躍していくが、１００ｔハンマーは映画の告知イベントなどにも頻繁に登場していたから（たぶん軽いビニール製だと思うけど）、いまではこの作品のアイコン的な存在になっている。恐るべし。

　凄腕＆もっこり＆１００ｔハンマーという魅惑の要素に満ちた『シティーハンター』。いまも大人気なのもナットクですなあ。

おぱんちゅうさぎの日々は、小さな不運の連続。
どれほど不運なのか考えてみた！

『おぱんちゅうさぎ』の出発点は、2022年にX（当時Twitter）で始まった1～2コマのマンガ（ときどき動画も）。それがいまやグッズがいっぱい作られて、大人気。日本はもちろん、韓国などでもおおいに盛り上がっている。統一された世界観もあるような、ないような……なんだけど、そんなのどっちでも構わない。おぱんちゅうさぎがカワイイ！　カワイソウ！　応援したくなる！

公式HPには「おぱんちゅうさぎはピンク色のうさぎで、地球に住むみんなのおトモダチ。いつもみんなを助けたくって、励ましたくって、日々奔走しているよ。頑張り屋さんだけど、どうにも報われない。毎日泣いちゃいそうだけど、健気《けなげ》に生きているゾ！」とある。いやもう、本当にそのとおり。困っている人を助けようとするし、他人の望みを叶えてあげようとする。でも、うまく行かない！　不憫《ふびん》、気の毒、いじらしい……どんな言葉を重ねても、おぱんちゅうさぎの切ない日々は語りつくせない。

おぱんちゅうさぎの人生は、なぜこうなのか。科学的に考えてみよう。

自分を犠牲にしすぎ

おぱんちゅうさぎは、自己犠牲精神が半端ではない。

[図1] がんばり方が、いちいち切ない!

たとえば、犬がティッシュを箱から何枚も引き出してビリビリに。「誰がやったの!?」と詰問《きつもん》されると、黙っている犬の横で、自分が手を挙げる!

コンビニで飴を1個買ったら、なんと5万円! 新人の店員さんがレジを打ち間違えたのだが、その金額を払ってしまう!

ワニワニパニックのゲームで、ワニたちが何度も叩かれるのを見ていられなくなり、その身をハンマーの前に投げ出す!

書類の山の横でパソコンに向かっている人が「ああ……残りの計算、だれかやっておいてくれないかなあ」と言うと、家に持ち帰ってそろばんを弾く【図1】!

この書類の山はモノスゴクて、「おそらく500枚はありそうな束が10段積み重なったもの」が7本もあった。総計3万5千枚!

もし、書類1枚につき計算を10個しなければならず、1つに10秒かかるとしたら350万秒。不眠不休でも41日かかる！

さらに「だれかー!! 止血できるモノをー!!」という声がすると、おぱんちゅうさぎはパンツを脱ごうとする！ いや、おぱんちゅ脱ぐと、単なるうさぎになっちゃうよ！ 人のためなら、自分の存在証明さえ振り捨てるとは……！

運が悪すぎる！

そもそも、おぱんちゅうさぎはアンラッキーである。

喫茶店でカップルがケンカして、女が男の顔にコップの水を浴びせる。ところが男性の後ろの席にはおぱんちゅうさぎがいて、全身ずぶ濡れ、食べていたオムライスも台無しに！

コンサートの「立見席の前から2列目」のチケットが手に入って喜ぶが、いざ行ってみると、1列目は胴体の長～い犬で、後ろのほうからしか見られない！

回転寿司でいちばん端の席に座っていると、手前の6人グループがモーレツに食べていて、お寿司が1皿も回ってこない！

部屋に野球のボールがいくつも飛び込んでくるため、隅っこのソファに隠れるように座る！

居酒屋では、大人数の団体客と相席になってしまう！

さらに、クレープを買うと、クレープ屋さんが誤ってクレープを握りつぶす！　日本のクレープ市場規模は年間300億円。1個平均500円なら、年間6千万個が売れることになる。クレープをつぶして渡される人が他にいないなら、確率6千万分の1の不運に見舞われている！　1対1のジャンケンで16連敗するのと同じ！

もっとすごい不運もある。たくさんの人にプレゼントをもらうのだが、中身が全部バウムクーヘン！　確認できるだけで50個ほど！　誰かにプレゼントをあげるとき、このお菓子を選ぶ確率が10分の1だとすると、こうした事態が起こる確率は10を50回かけた100極（1のあとに0が50個）分の1。前述のジャンケンで105連敗するのと同じ！　どんだけ不運なんだ⁉

優しさゆえに……

おぱんちゅうさぎの不憫な日々の原因は、本人の優しさにもある。他人がふと口にした望みを叶えてあげようとするのだ。

たとえば、白米のご飯を食べていた人が「うめ〜‼　一生毎食米でもイィわっ‼」と言うと、おぱんちゅうさぎは田植えを始める！　当然、草取り、稲刈り、脱穀《だっこく》、精米までやる気だろう。

このパターンはいろいろあって、「そろそろ家建てたいなぁー」という声を聞くと、家の設計図を描いて、工作を始める！

「ごめん。成人式行けないや…。お金なくて、振袖買えなくてさ…」と電話で話している女子がいると、振袖のデザイン画を描いて、縫い始める！

海岸で女子が「ヤバッ!! ピアスおとしたかも〜」と言うのを聞くと、海中深く潜って捜す（しかもかなり深海のイメージ）！

「もうムリだ…明日までに借金一千万も返せない…」と頭を抱えている人がいると、自分の貯金箱を割ってお金を数える！ どう見ても330円ほどしか入ってない！

さらに「あー、チョコ食べたいな〜」と言う人がいると、カカオを取りにいく！

カカオは高温多湿の熱帯でしか生育できず、生産国も北緯20度から南緯20度までの「カカオベルト」に集中している。生産量の多い国のなかで、日本にいちばん近いのはインドネシア。東京からの航空運賃は、最安値でも往復7万円。しかも、カカオ豆からチョコを作るには、発酵、選別、ロースト……型抜きと、さまざまな工程が必要だ！

「温泉いきたいわ〜」という声を聞くと、温泉を掘る！ コマの描写を見ると、少なくとも14カ所掘っている！ 温泉の掘削《くっさく》深度は平均1千mであり、おぱんちゅの残土《ざんど》を見るとせいぜい数mの掘削。もちろん、温泉は出ない……！

そして、優しさと不運が合体したのが、クリスマスのときに公開された13秒ほどのアニメ版。サンタクロースに扮したおぱんちゅうさぎは、プレゼントを抱えて煙突から侵入する。煙突のなかをヒューッと9秒も落ち続けると、なんと下では薪が燃え盛っていた！　手足を伸ばして体を支え、直前でストップするが、その後はどうなるの……!?

これ、科学的に考えるとすごいことである。9秒間も落ち続けたということは、そのときおぱんちゅうさぎの落下速度は時速320㎞にも達していたはずで、手足を突っ張ることによって、このスピードを一瞬でゼロにしたわけである。このときおぱんちゅうさぎが発揮したブレーキ力は、手足を突っ張ってから静止するまでに滑った距離によって決まる。仮にそれが1㎝だったとすると、体重の4万倍！　おぱんちゅうさぎの体重がイエウサギの標準に近い3㎏なら、発揮した力はなんとビックリ120tだ！　シンジラレナイ！

実はそれほどすごい力を持っているおぱんちゅうさぎが、誰にも知られることなく煙突内でその人生を終えないことを切に願います。がんばれ、おぱんちゅうさぎ。

デザイン　塩田裕之（3シキグラフィックス）
本文イラスト　近藤ゆたか
編集&監修　空想科学研究所

本書は『空想科学読本』シリーズ、『ジュニア空想科学読本』シリーズなど、著者の本に収録された内容を大幅に加筆修正して再構成したものです。文庫化にあたり、「『テニスの王子様』手塚部長の人材育成術！　彼の後輩は、どのくらい強くなるか!?」「『お兄ちゃんはおしまい！』のまひろは、妹が作った薬で男性⇒女性に！　そんなコトあり得る!?」「おぱんちゅうさぎの日々は、小さな不運の連続。どれほど不運なのか考えてみた！」（すべて書き下ろし）を収録しました。

また、本書では、計算結果を必要に応じて四捨五入して表示しています。読者の皆さんが、本文に示された数値と方法で計算しても、まったく同じ結果にはならない場合がありますが、間違いではありませんのでご了承ください。

空想《くうそう》科学《かがく》読本《どくほん》

闇堕《やみお》ち検定《けんてい》にまた落《お》ちた！

柳田理科雄《やなぎたりかお》

令和5年 12月25日　初版発行

発行者●山下直久

発行●株式会社KADOKAWA
〒102-8177　東京都千代田区富士見2-13-3
電話　0570-002-301（ナビダイヤル）

角川文庫 23933

印刷所●株式会社暁印刷
製本所●本間製本株式会社

表紙画●和田三造

●お問い合わせ
https://www.kadokawa.co.jp/（「お問い合わせ」へお進みください）
※内容によっては、お答えできない場合があります。
※サポートは日本国内のみとさせていただきます。
※Japanese text only

ISBN 978-4-04-113772-7　C0195

角川文庫発刊に際して

角川源義

第二次世界大戦の敗北は、軍事力の敗北であった以上に、私たちの若い文化力の敗退であった。私たちの文化が戦争に対して如何に無力であり、単なるあだ花に過ぎなかったかを、私たちは身を以て体験し痛感した。西洋近代文化の摂取にとって、明治以後八十年の歳月は決して短かすぎたとは言えない。にもかかわらず、近代文化の伝統を確立し、自由な批判と柔軟な良識に富む文化層として自らを形成することに私たちは失敗して来た。そしてこれは、各層への文化の普及滲透を任務とする出版人の責任でもあった。

一九四五年以来、私たちは再び振出しに戻り、第一歩から踏み出すことを余儀なくされた。これは大きな不幸ではあるが、反面、これまでの混沌・未熟・歪曲の中にあった我が国の文化に秩序と確たる基礎を齎らすためには絶好の機会でもある。角川書店は、このような祖国の文化的危機にあたり、微力をも顧みず再建の礎石たるべき抱負と決意とをもって出発したが、ここに創立以来の念願を果すべく角川文庫を発刊する。これまで刊行されたあらゆる全集叢書文庫類の長所と短所とを検討し、古今東西の不朽の典籍を、良心的編集のもとに、廉価に、そして書架にふさわしい美本として、多くのひとびとに提供しようとする。しかし私たちは徒らに百科全書的な知識のジレッタントを作ることを目的とせず、あくまで祖国の文化に秩序と再建への道を示し、この文庫を角川書店の栄ある事業として、今後永久に継続発展せしめ、学芸と教養との殿堂として大成せんことを期したい。多くの読書子の愛情ある忠言と支持とによって、この希望と抱負とを完遂せしめられんことを願う。

一九四九年五月三日

角川文庫ベストセラー

空想科学読本　3分間で地球を守れ!?
柳田理科雄

『ウルトラマン』『ONE PIECE』『名探偵コナン』『シン・ゴジラ』『おそ松さん』など、世代を超えて愛されるマンガ、アニメ、特撮映画を科学的に検証！

空想科学読本　正義のパンチは光の速さ!?
柳田理科雄

『空想科学読本』シリーズから、よりすぐりのネタを集めた文庫の第2弾。『銀魂』『黒子のバスケ』『新世紀エヴァンゲリオン』『キャプテン翼』など、新旧の人気少年マンガを中心に全面改訂でお届けする。

空想科学読本　滅びの呪文で、自分が滅びる！
柳田理科雄

ベストセラー『空想科学読本』シリーズから原稿を厳選収録！　定番の名作から、『ポプテピピック』『スプラトゥーン』などの話題作まで、31コンテンツを検証！

火の鳥　全14巻セット
手塚治虫

巻末には手塚治虫の生前のインタビューとともに、貴重な資料を完全収録！　14巻では「火の鳥」の全てがわかる、幻の資料を大公開。各巻の描き下ろしトリビュート・コミックも必見です。

ショートショートドロップス
新井素子・上田早夕里・恩田陸・図子慧・高野史緒・辻村深月・新津きよみ・萩尾望都・堀真潮・松崎有理・三浦しをん・皆川博子・宮部みゆき・村田沙耶香・矢崎存美　編／新井素子

いろんなお話が詰まった、色とりどりの、ドロップの缶詰。可愛い話、こわい話に美味しい話。女性作家によるショートショート15編を収録。

角川文庫ベストセラー